"Richard Baxter era  e
libro están algunos   1
teólogo moderno y   s
un psiquiatra clínico que ha modernizado los textos de Baxter. El resultado es un libro de sabiduría práctica inusualmente instructivo que será de gran ayuda para los pastores y quienes están llamados a dar consejo a los abatidos".

—**Paul Helm**, Profesor emérito de Historia y Filosofía de la Religión, *King's College*, Londres; autor de *The Providence of God*

"Aquí encontrará dos tesoros al precio de uno: consultas con un psiquiatra en ejercicio (Michael Lundy, quien, por definición, es un 'sanador del alma') y un distinguido teólogo (J. I. Packer, a quien le encantan especialmente los autores cuya teología se compromete con lo que solía llamarse 'la cura de las almas'). Sin embargo, de hecho, resulta que son tres tesoros por el precio de uno, cuando un doctor en medicina y un doctor en filosofía resaltan juntos la sabiduría del notable pastor y teólogo Richard Baxter. *Depresión, ansiedad y la vida cristiana* es simultáneamente un manual para pastores y consejeros, un recurso para grupos de estudio y un diccionario de sinónimos de consejo espiritual para aquellos que luchan y para quienes se preocupan por ellos. Un par de consultas con el grupo de médicos del alma formado por Packer, Lundy y Baxter ¡será medicina para su alma!".

—**Sinclair B. Ferguson**, Profesor Rector de Teología Sistemática, Seminario Teológico Reformado; Asistente de cátedra, Ligonier Ministries

"Un cordón de tres dobleces no se rompe fácilmente. En este libro, J. I. Packer y Michael Lundy se asocian con el gran puritano Richard Baxter, quien fue un verdadero médico de almas, para ofrecer a los cristianos la ayuda tan necesaria sobre las realidades espirituales escabrosas de la depresión y la ansiedad. Pocos, si acaso, no podrán ser inmensamente auxiliados por la guía que se ofrece en estas páginas".

—**Mark Jones**, Profesor Anciano, Iglesia *Faith Vanouver Presbyterian*, Vancouver, British Columbia.

DEPRESIÓN, ANSIEDAD y la VIDA CRISTIANA

SABIDURÍA PRÁCTICA DE RICHARD BAXTER

Revisado, actualizado y anotado por el
DR. MICHAEL S. LUNDY

Introducción por
J. I. PACKER

PATMOS

Depresión, ansiedad y la vida cristiana:
Sabiduría práctica de Richard Baxter
© 2019 por Michael S. Lundy y James I. Packer

Publicado por Editorial Patmos,
Miami, FL 33166

Todos los derechos reservados.

Publicado originalmente en inglés por Crossway, 1300 Crescent Street Wheaton, Illinois 60187, con el título *Depression, Anxiety, and the Christian Life: Practical Wisdom from Richard Baxter*

A menos que se indique lo contrario, las citas bíblicas se toman de la versión Reina-Valera © 1960 Sociedades Bíblicas en América Latina; © renovado 1988 Sociedades Bíblicas Unidas. Utilizado con permiso.

Los textos bíblicos marcados con «LBLA» han sido tomados de LA BIBLIA DE LAS AMERICAS © Copyright 1986, 1995, 1997 por The Lockman Foundation. Usadas con permiso.

Traducido por Yvette Fernández-Cortez | www.truemessage.co
Revisión de traducción por Nancy Carrera
Diseño de portada e interior por Adrián Romano

ISBN: 978-1-64691-023-6

Categoría: Vida cristiana / Consejería

Impreso en Brasil | *Printed in Brazil*

CONTENIDO

Prefacio 7

PARTE 1: CONOZCA A RICHARD BAXTER

1   Richard Baxter, Médico espiritual 15
J.I. Packer

2   Richard Baxter: Perspectiva y retrospectiva 33
Dr. Michael S. Lundy

PARTE 2: EL CONSEJO DE BAXTER SOBRE LA DEPRESIÓN

3   Consejo a los cristianos deprimidos y ansiosos 71
Richard Baxter

4   La resolución de la depresión y la tristeza abrumadora
a través de la fe 101
Richard Baxter

Apéndice: El deber de los médicos 169
Richard Baxter

PREFACIO

Las siguientes páginas son un esfuerzo conjunto con el propósito de ser un "cordón de tres dobleces", por así decirlo.[1] James Packer, un pastor y maestro, y Michael Lundy, un médico psiquiatra, se reunieron por una admiración compartida por Richard Baxter (1615-1691), un puritano y escritor sobre la vida cristiana, quizá mejor conocido por su obra *El pastor reformado*. Una de las preocupaciones principales de Baxter como pastor fue aliviar la depresión. Identificándose con la preocupación de Baxter, Lundy y Packer llegaron a pensar que un mini tratado por Baxter que, de corazón, buscaba servir a los deprimidos podría ser, si se republicara en una edición moderna, un recurso valioso para el cuidado pastoral de las personas deprimidas en las iglesias del presente. De ahí la razón de este libro. Aunque será aparente que el Dr. Packer escribió el primer capítulo presentando a Baxter, y el Dr. Lundy escribió el segundo, y editó y actualizó los textos de Baxter en la segunda parte, ambos respaldamos todo lo que se afirma aquí.

¿Qué es depresión?

La depresión es nuestro enfoque, pero ¿qué es eso? Generalizando, podríamos decir que el término describe una presión hacia abajo que exprime y drena cualquier tipo de energía y voluntad

---

1. "Cordón de tres dobleces no se rompe pronto" (Eclesiastés 4:12)

que haya habido. Durante más de un siglo, el uso principal de la palabra ha sido psicológico. Un diccionario reciente define la depresión como "un estado de abatimiento extremo o melancolía morbosamente excesiva; un estado de ánimo de desesperanza y sentimientos de ineptitud, muchas veces con síntomas físicos como pérdida de apetito, insomnio, etc.".[2] Tarde o temprano, la mayoría de nosotros experimenta alguna forma de esto, quizás brevemente como el producto del trauma, estrés, trabajo en exceso o algo similar; tal vez en una forma más a largo plazo, habitual, profundamente enraizada; y se nos dice que esperemos que dos tercios de los estadounidenses, en alguna etapa, necesitarán y buscarán tratamiento para la depresión. Es una condición que aparentemente se está volviendo cada vez más común en nuestra cultura ajetreada, bulliciosa, arrolladora, discordante, y parece estar determinada a continuar así.

¿Qué sucede en la depresión? Seguimos hablando en general, decimos: una pesadez irritable ocupa la mente, a veces haciéndola más lenta al punto de una parálisis virtual donde cesa el pensamiento, a veces llevándola a una aleatoriedad improductiva, o a una actitud fija de pesimismo, o una insistencia incesante sobre cosas que se sienten incurablemente mal. Las personas deprimidas se sienten aisladas y distantes de los demás, incluyendo a sus más cernos y más queridos, y de los proyectos en los que, hasta ahora, su corazón estaba totalmente involucrado. La conducta puede volverse excéntrica, impredecible o la inactividad podría establecerse, la creatividad concentrada podría desvanecerse o la tristeza podría volverse habitual. Los sentimientos de ansiedad, baja autoestima y desesperanza se desarrollan, y un pesimismo defensivo toma el control. Molestos por el entusiasmo de otros, los deprimidos podrían parecer malhumorados y agresivos. Algunas depresiones son cíclicas, puntos bajos en los cambios de esta-

---

[2]. Canadian Oxford English Dictionary, ed. Katherine Barber (Don Mills, ON: Oxford University Press, 1998), s.v.

do de ánimo bipolar, donde podrían estar seguidos por explosiones de autosuficiencia enérgica. Lo que los medicamentos pueden hacer para modificar estos extremos varía de una persona a otra.

C.H. Spurgeon, el más grande predicador del evangelio de Inglaterra en el siglo xix, sufría de episodios periódicos de depresión. Sin causa, como parecían, su impacto era pesado; luchar contra ellos era, tal como él decía, como pelear contra la neblina, y él tenía que esperar hasta que la "desesperanza deforme, indefinible, incluso completamente oscura" se levantara de su corazón.[3] El "perro negro", en la edad madura de Winston Churchill, parece haber sido similar.[4]

Cuando Dios le permitió a Satanás hacer lo que quiso con Job, se nos muestra que el resultado fue un caso extremo de shock traumático, desconcierto, frustración, tristeza y desesperanza, con negatividad hiriente hacia sus amigos sabelotodo. Todas estas cualidades apiñadas, por así decirlo, cada uno con su propio dolor, bajo la sombrilla de la depresión formó caso arquetípico de esta aflicción.

Durante todo un siglo, la depresión ha sido intensamente estudiada desde varios ángulos, y hay muchos libros sobre el tema que reflejan predominantemente las perspectivas post-cristianas y seculares. Sin embargo, nuestro propio punto de vista es un poco diferente.

Nuestro punto de vista

Nuestro ideal para todos los cristianos, incluyéndonos, es vivir tanto como sea posible en el amor, la estabilidad y el gozo

---

3. C. H. Spurgeon, *"Lecture XI: The Minister's Fainting Fits"*, en *Lectures to My Students*, vol. 1, *A Selection of Addresses Delivered to the Students of the Pastors' College, Metropolitan Tabernacle* (New York: Sheldon, 1975), 263.

4. Para una breve lectura sobre el "perro negro" de Churchill vea John H. Mather, "Winston Churchill y el 'Perro Negro de la Depresión'", una crítica de *Churchill and the 'Black Dog' of Depression: Reassessing the Biographical Evidence of Psychological Disorder*, por Wilfred Attenborough, *The Churchill Project, Hillsdale College*, 20 de enero, 2016, https://winston churchill .hillsdale .edu /winston -churchill -and -the -black -dog -of -depression -by -wilfred -attenborough/.

constantes, junto con la paciencia, la bondad, la fidelidad y el autocontrol,[5] lo que forma el perfil moral de Jesucristo en sus discípulos. Vemos esa forma de vida como un verdadero florecimiento humano, y a la promoción de esta como central para todas las formas de cuidado pastoral, adoración y compañerismo eclesiástico, terapia personal y vida cristiana familiar. Y vemos a la depresión en todas sus formas como una obstrucción evidente a dicha forma de vida, en que Satanás participa regularmente (vea 2 Corintios 12:7).[6] Nosotros creemos que, en la sabiduría de Dios, los aguijones en la carne, mentales y emocionales incluidos, pueden volverse medios de avance espiritual que, de otra manera, no sucederían. Y creemos que se halla mayor sabiduría en este asunto, de lo que estamos acostumbrados, en la herencia pastoral del puritanismo del siglo XVII. La sabiduría de Richard Baxter es suprema aquí. En su época, a él se le consultaba y consideraba como la máxima autoridad en lo que se refiere a ministrar a los cristianos afectados por lo que en aquel entonces se conocía como "melancolía", pero que en nuestros días sería etiquetado como depresión. Nuestra esperanza es que, en nuestra época, al presentar lo que Baxter escribió en este campo, podamos contribuir a la maduración del cuidado pastoral en las iglesias bibliocéntricas, enfocadas en el evangelio y que honran a Cristo.

El plan de este libro, después de nuestros capítulos introductorios, es reproducir dos discursos de Richard Baxter, así como también un ensayo más corto en el apéndice, e indicar cómo su sabiduría puede traerse al siglo XXI para que se convierta en un recurso para el ministerio de hoy día. El capítulo 3, "Consejo a los cristianos deprimidos y ansiosos", ofrece una versión actualizada

---

5. Nuestro eco de Gal. 5:22-23 no es accidental: "Mas el fruto del Espíritu es amor, gozo, paz, paciencia, benignidad, bondad, fe, mansedumbre, templanza; contra tales cosas no hay ley."

6. "Y para que la grandeza de las revelaciones no me exaltase desmedidamente, me fue dado un aguijón en mi carne, un mensajero de Satanás que me abofetee, para que no me enaltezca sobremanera" (2 Cor. 12:7).

y editada de las "Indicaciones sobre la melancolía de sus pensamientos", en el *Directorio cristiano* de Baxter. El capítulo 4, "La resolución de la depresión y la tristeza abrumadora a través de la fe", edita y actualiza "La cura de la melancolía y la tristeza excesiva por medio de la fe" escrito por Baxter. El apéndice hace lo mismo para el escrito de Baxter "La tarea del médico", también incluido en *Un directorio cristiano*.

Durante el siglo pasado y un poco más, la noción que se ha estado difundiendo en los círculos evangélicos de que el efecto de nacer de nuevo a través de la fe en Jesucristo siempre será una vida marcada por la euforia espiritual: alegría constante, exuberancia, confianza y buen ánimo resultante del conocimiento de que la gracia de Dios, el Señor soberano y trino, está siempre activamente al lado de uno. Sin duda, lo está, y la imagen que se dibuja es feliz y atractiva, ¡pero vea lo que esta deja fuera! Ciertamente el gozo triunfante en el Señor es un rasgo característico de una vida cristiana saludable. Sin embargo, los cristianos, al igual que otras personas, viven en y a través de los cuerpos; cuerpos que, a veces, funcionan mal, se enferman, se agotan, y finalmente, mueren; y los factores físicos, con o sin descenso espiritual, en cualquier etapa pueden traer, entre otras cosas, depresión en sus diferentes formas. En el pasado, algunos se han extendido a diagnosticar siempre la depresión en los cristianos como una señal de incredulidad o algún otro pecado mayor, pero eso no es correcto.

Por mucho más de cuatro siglos, el libro *The Pilgrim's Progress*, de Bunyan, uno de los más vendidos del mundo, ha estado recordándoles a los cristianos que la vida cristiana normal incluye no solo afirmaciones y gozo, sino también batallas: batallas contra el pecado, tanto en el corazón como en la vida de uno; batallas contra la tentación que surgen de las circunstancias; batallas contra la desesperación, causada por tropiezos o fracasos ridículos; y batallas contra la desesperanza, desencadenadas por una sensación de ineptitud que induce a la depresión. Todo esto, Bunyan lo representa en los personajes de: Sr. Temor, Sr. Desánimo, Sr. Bobo y Sr. Listo para Parar. Ya que hoy día la verdad de que los cristianos viven solamente para ser constantemente perdonados se olvida constantemente y la verdad de la guerra interminable de Satanás con los creyentes raras veces se toma en serio, así que la realidad de la depresión como un aguijón recurrente o permanente en la carne de algunos cristianos es muchas veces pasada por alto. Necesitamos ayuda aquí, y en la opinión de los escritores actuales, Richard Baxter es quien puede brindarla.

J. I. Packer

PARTE I

CONOZCA A RICHARD BAXTER

Capítulo 1

RICHARD BAXTER, MÉDICO ESPIRITUAL

J. I. Packer

La naturaleza humana no cambia, pero sí los tiempos y las épocas, y todos los seres humanos son hijos de su propia era en una medida mayor de lo que ellos, o quienes ven hacia atrás, ya sea para elogiar o culpar, tienden a darse cuenta. Esto es notablemente cierto de los grandes comunicadores cristianos del pasado: Agustín, Luther, Bunyan, Whitefield, Wesley, Spurgeon, y similares. Con razón, reconocemos como héroes a nuestros hermanos de sangre en la fe, y al hacerlo, fallamos en verlos en términos de su propio mundo. Richard Baxter es otro de ellos. Aunque trascendió a su época en muchas maneras, él era parte de ella, y deberíamos empezar nuestro relato observando algunos factores clave sobre la historia y la cultura a la que pertenecía.

Puritanismo
En su vida adulta, a Baxter se le identificaba como puritano, un término despectivo, pero que él aceptaba, aunque cada vez más, él se refería a sí mismo como "simple cristiano" un amigo

prudente de las iglesias de todo credo y sus seguidores, aunque demostrando no estar comprometido con alguna de ellas. Sin embargo, "puritano" era un término que lo identificaba como estando involucrado en un movimiento reformista de izquierda, a veces impaciente e imprudente, que había estado causando problemas en Inglaterra desde que empezó el reinado de Elizabeth.

Se había desarrollado en dos direcciones: política y pastoral. El ala política exigía, sin éxito, la radicalización del acuerdo isabelino en varias formas. De sus filas habrían de venir los revolucionarios que, provocados más allá de lo soportable, por la autocracia y mala fe de Carlos I, finalmente pelearon y lo ejecutaron y establecieron un territorio autónomo bien intencionado, pero de poca duración. Por otro lado, los puritanos pastoralmente orientados se entregaron a la predicación, enseñanza y a lo que nosotros llamaríamos evangelismo. Su objetivo era la conversión de toda Inglaterra a la fe vital bíblica y reformada. Para este fin, ellos produjeron un caudal constante de literatura sobre catecismo, homilía y devocional. Este era el principal campo de ministerio propio de Baxter; aunque incursionaba en asuntos políticos, su contribución principal era como uno de los escritores más talentosos de material devocional didáctico del puritanismo, tal como veremos.

El propósito pastoral puritano puede enfocarse como el fomento de un estilo reformado de la devoción agustina, empezando con una conversión regeneradora (fe en Cristo, arrepentimiento ante Dios, afirmación de la aceptación justificante y la adopción en la familia de Dios, comunión en adoración con el Padre y el Hijo y la obediencia diaria a la ley de Dios por medio del poder del Espíritu Santo). La vida cristiana como tal tomaría la forma de amor y servicio (buenas obras) en la familia, la iglesia y la sociedad; monitoreada por la búsqueda consciente de sus dos preocupaciones. La preocupación número uno era discernir el deber, eso es, las acciones específicas para cada día según la voluntad de Dios bíblicamente revelada. La preocupación número dos era el autoexamen o la autobúsqueda, la revisión regular de los motivos y las acciones de uno para estar seguro de que uno estaba viviendo como un creyente real y no como un "evangélico hipócrita" autoengañado, tal como a veces se les llamaba a los legalistas calienta-bancas. Los puritanos visualizaban la vida como un paisaje entrecruzado por muchos senderos, de los cuales uno tenía siempre que buscar discernir y seguir el que más honraba a Dios, el cual sería el más sabio y mejor para los demás y para uno mismo. Casuística era el nombre puritano para el estudio de los principios para tomar esta decisión cada vez, y conflicto con el mundo, la carne y el diablo se entendía que estaba involucrado en hacerlo. Baxter era un maestro experto con relación a todas estas preocupaciones, y cerca de la mitad de los dos mil adultos que habitaban Kidderminster se convirtieron en puritanos bajo su instrucción.

La vida de Baxter

Richard Baxter vivió de 1615 a 1691. Aunque enfermizo desde finales de su adolescencia, él nunca careció de energía mental e iniciativa. Vivió la Guerra Civil como un capellán del ejército, el Commonwealth como un pastor urbano, la Restauración como pastor rechazado, la persecución posterior como uno que, después de muchos años evadiendo el arresto por predicar sin autorización, finalmente pasó dos años en prisión, y la Ley de Tolerancia en 1689, posterior a la Revolución, dándole libertad total para el ministerio durante los últimos dos años de su vida. Él nació y fue criado en el área rural de Shropshire, en la región central de Inglaterra; era hijo de un caballero de la villa, en el sentido de esa palabra en el siglo XVII, eso es, tenía una propiedad, a pequeña escala en este caso. El padre de Baxter después de haber perdido mucha riqueza en el juego, se volvió un cristiano serio. Un día, le compró a un vendedor ambulante un devocional puritano, escrito por Richard Sibbes *Reed and Smoking Flax* (1630);[1] su hijo Ricard lo leyó, y fue esto más que cualquier otra cosa lo que llevó a Richard Baxter a ser un cristiano comprometido serio en algún momento de su adolescencia. Él fue brillante en la escuela, pero su padre lo desvió imprudentemente de la universidad; sin embargo, habiendo tomado la decisión sobre el ministerio pastoral como carrera, él obtuvo la ordenación en 1638. Después de un año de ser profesor, se convirtió en un "profesor numerario" (predicador suplente, sostenido con fondos privados) primero en Bridgnorth de Shropshire y, luego, en el pueblo de tejedores Kidderminster, en la zona central de Inglaterra, donde, como pastor principal desde 1647, disfrutó su gran éxito.

Alto y delgado, alerta y amigable, Baxter era un pensador rápido, un disertante elocuente, un predicador apasionado, un polemista formidable y un escritor muy veloz sobre una amplia variedad de temas. Pronto se volvió conocido por su productividad extraordinaria; Carlos I lo conocía y se refería a él como "el garabato Dick". Él empezó a toda marcha con su primer libro devocional, con más de 800 páginas del tamaño de un cuarto de carta, llamado *The Saints' Everlasting Rest* (1650), el cual se convirtió rápidamente en uno de los más vendidos y se reimprimió anualmente en los primeros 10 años de su existencia. Durante su pastorado, estuvo produciendo constantemente sobre varios temas, y después de ser expulsado del pastorado de la Iglesia de Inglaterra, bajo la ley de uniformidad de 1662, él consideró el escribir como la tarea primordial que Dios le dio en su reino; por lo tanto, durante las últimas tres décadas de su vida, Baxter trabajó arduamente en ello, convirtiéndose en el escritor teológico, inglés, más grande de todos los tiempos. Lo más significativo pastoralmente fue la finalización de una serie ya empezada para el discipulado de la gente de la iglesia desde sus primeros pasos

---

1. Para una de las varias ediciones recientes, vea: Sibbes, *The Bruised Reed* (Edinburgh: Banner of Truth, 1998).

en la edad adulta hacia la fe y la devoción personal para la totalidad de su vida cristiana. Una vez, el arzobispo Usher lo había animado para que lo intentara, y Baxter llegó a sentir que era un mandato de Dios. Los títulos en estas series hasta su artículo final eran como sigue:

El método correcto para una paz de conciencia establecida y el consuelo espiritual (1653)
Un tratado de la conversión (1657)
Un llamado al inconverso para cambiar y vivir (1658)
Indicaciones y persuasiones para una convicción sólida (1658)
La crucifixión del mundo por la cruz de Cristo (1658)
Unidad cristiana (1659)
Un tratado de autonegación (1660)
La religión vana del hipócrita formal detectada (1660)
Las jugarretas de la autoignorancia y los beneficios del autoconocimiento (1662)
Ahora o nunca (1662)
Santo o bestia (1662)
La vida divina (1664)
Indicaciones para los cristianos débiles y trastornados (1669)
La vida de fe (1670)

Y el manual de la familia que se había planeado para terminar la serie había aumentado para 1673, su fecha de publicación a (le doy el título completo):

Un directorio cristiano
O
Un sumario de teología práctica y casos de conciencia.
Dirigir a los cristianos a cómo usar su conocimiento y fe; cómo mejorar todas las ayudas y los medios y llevar a cabo todas las obligaciones; cómo superar las tentaciones y escapar o avergonzar todo pecado.

En cuatro partes.
I. Ética cristiana (u obligaciones privadas)
II. Economía cristiana (u obligaciones familiares)
III. Eclesiásticas cristianas (u obligaciones de la iglesia)
IV. Política cristiana (u obligaciones hacia nuestros gobernantes y vecinos).

(Recordemos que en esos días, antes de las fundas para libros, lo que fuera que los escritores querían que los curiosos de librería supieran sobre el contenido de su libro tenía que estar incluido en la página del título). Por su alcance, tamaño y cobertura analítica, esta obra escrita por Baxter era única en su época, no digamos de la nuestra; tiene más de un millón de palabras. Durante los años de su expulsión, Baxter también publicó dos folios de teología sistemática, uno de ellos en latín, y muchos escritos pequeños sobre preguntas eclesiásticas. Su pluma nunca descansaba.

En 1662, se casó con Margaret Charlton, una dama joven y sin posesiones, brillante y muy nerviosa, quien después de que su casa fuera destruida en la Guerra Civil vino a resguardarse bajo el ministerio de Baxter. Ella era veintiún años más joven que Baxter, apenas más de la mitad de la edad de él, y ambos eran personas difíciles según los estándares ordinarios, pero fue un matrimonio por amor y eran felices, algo digno de ejemplo, tal como parece a juzgar por el abreviado conmovedor (un relato breve) de la vida de Margaret que Baxter escribió a pocas semanas de su muerte en 1681.[2] Su vida juntos fue tanto en Londres como en sus alrededores, donde Baxter siguió viviendo hasta su propia muerte diez años después.

Fue William Haller quien, en 1938, caracterizó primero a los pastores puritanos como médicos del alma.[3] La frase encaja,

---

2. Richard Baxter, *A Breviate of the Life of Margaret, the Daughter of Francis Charlton, of Apply in Shropshire, Esq., y esposa de Richard Baxter.* Una edición del compendio es J. I. Packer, *A Grief Sanctified: Through Sorrow to Eternal Hope* (Wheaton, IL: Crossway, 2002).

3. William Haller, *The Rise of Puritanism* (New York: Columbia University Press, 1938), Cap. 1.

particularmente en el caso de Baxter. Cuando empezó su ministerio en Kidderminster, el pueblo no tenía doctor, y él se desempeñó como uno hasta que pudo reclutar a un hombre calificado para mudarse allí. Evidentemente, él había ganado una buena cantidad de conocimiento médico al vivir con sus propias debilidades, y su sentido de responsabilidad habría coincidido con lo que escribió en el *Directorio* sobre "El deber de los médicos".[4] Sin embargo, él siempre insistiría que su trabajo como pastor le requería decirle continuamente a su gente que su primer deber, al igual que el de él, era cuidar su alma, centrar su vida en Dios y las realidades de la eternidad, buscar la plenitud de la conversión y apuntar a un discipulado acucioso de Cristo según las Escrituras. El rol que Dios le dio al pastor, como guía en esto, debería ser visto en dos partes: como maestro y mentor en la verdad revelada a través de la instrucción bíblica y la catequización sistemática, como experto en salud espiritual, capaz de diagnosticar y prescribir para el bienestar espiritual según surja la necesidad. Por desorden espiritual, los puritanos querían decir cualquier condición que el pecado en cualquiera de sus formas estaba formando, mientras ellos igualaban la salud espiritual al mor, el servicio, la comunión con Cristo, y un andar con Dios; en una palabra, *santidad*. Puede decirse justamente de su ministerio, de principio a fin, que Baxter estaba expresando, de una u otra manera, este sentido de vocación ministerial, mucho de lo cual él verbalizó muy claramente para sí mismo y sus colegas en su clásico publicado en 1655: *El pastor reformado*.

El plan de acción de Baxter para el discipulado

Una revisión más completa de la primera mitad de *Un directorio cristiano* se hace necesaria. El don de Baxter para el análisis temático le sirve mucho al ir a través de todo lo que ve involucrado en la conducta apropiada de la vida espiritual de uno. Esta reseña

---
4. Vea la versión actualizada de Michael Lundy de *"The Duty of Physicians"* en el Apéndice.

tiene la calidad y la autoridad de una obra maestra; es fundamental y constituye el marco dentro del cual la depresión espiritual debe ser percibida y tratada.

Seguidamente al material evangelístico y catequético con el que abre el *Directorio* (pues Baxter está claramente pensando en todo el trabajo sobre el modelo de un curso de catecismo), Baxter establece diecisiete "Indicaciones mayores" para una "Vida de fe y santidad: conteniendo los esenciales de la devoción y el cristianismo".[5]

Así es como se ve el listado abreviado:

1. Entender la naturaleza, el fundamento, la razón y el orden de la fe y la devoción.
2. Cómo vivir por fe en Cristo.
3. Cómo creer en el Espíritu Santo y vivir por su gracia.
4. Para un conocimiento de Dios verdadero, ordenado y práctico.
5. De autoresignación ante Dios como nuestro dueño.
6. De la sujeción a Dios como nuestro rey soberano.
7. Aprender de Cristo como nuestro maestro. La imitación de Cristo.
8. Obedecer a Cristo nuestro médico o Salvador en su obra reparadora y sanadora.
9. De la guerra del cristiano bajo Cristo.
10. Cómo trabajar como siervos de Cristo nuestro Señor.
11. Amar a Dios como nuestro Padre y felicidad y fin.
12. Confiar absolutamente en Dios, con alma y cuerpo, y todo.
13. Que el temperamento de nuestra religión sea un deleite en Dios y la santidad.
14. Del agradecimiento a Dios, nuestro gran benefactor.
15. Para glorificar a Dios.

---

5. Richard Baxter, *A Christian Directory*, pt. 1, *Christian Ethics*, Cap. 3 (título).

16. Para una conciencia celestial.
17. Para negarse a uno mismo.

Después de estas "instrucciones mayores" generales, vienen las instrucciones específicas para contrarrestar "los grandes pecados más directamente opuestos a la devoción":[6] incredulidad, dureza de corazón, hipocresía, complacencia del hombre y sensualidad, más guía para gobernar los pensamientos y la lengua de uno, las pasiones y los sentidos de uno y para practicar algunas otras formas de autocontrol. La obra se redondea con la discusión detallada de servir a Dios en el hogar y en la iglesia.

La relevancia de este material para nosotros es que muestra la calidad de vida a la que Baxter, al igual que otros puritanos, buscaba guiar a quienes pastoreaba, personas en depresión junto con el resto. La cultura actual ve a los depresivos como sanados cuando ellos pueden, una vez más, funcionar bien en la sociedad; sin embargo, los puritanos veían a todos los seres humanos como enfermos por el pecado y sin buena salud interna hasta que ellos aprendieran a conocer a Cristo y a vivir en la manera antes delineada. Los puritanos aconsejaban sobre la depresión y sobre la salvación; por lo tanto, las unían en una sola. (Un buen ejemplo de esto es *El método correcto para una paz de conciencia establecida y el consuelo espiritual*, de Baxter, anotado anteriormente).

Tres perspectivas básicas impregnan todos los escritos prácticos de Baxter, cada una es una guía hacia el bienestar espiritual como él lo entendía.

La primera es la *prioridad del intelecto*. Toda verdad, según él dice repetidamente, entra en el alma a través del entendimiento. Toda motivación empieza en la mente cuando uno contempla las realidades y las posibilidades que atraen afecto y deseo; toda camaradería con Cristo, el Mediador, también empieza en la mente, con conocimiento de su amor inmortal y su vida resucitada

---

6. Baxter, *Christian Ethics*, Cap. 4 (título).

presente; toda obediencia empieza en la mente, con el reconocimiento de la revelación concerniente a su propósito y voluntad. Llama a considerar —a pensar, eso es, y de esa manera obtener la verdad de Dios clara, primero en la cabeza de uno y luego en el corazón de uno— son, por consiguiente, básicos para la instrucción de Baxter. La calidad considerablemente didáctica, intelectualmente demandante, que esto les imparte a sus escritos es, desde su punto de vista, una necesidad. Es la mente la que debe entender y dirigir.

La segunda perspectiva es *la unidad de la vida humana ante el Señor*. Dios nos hizo para cumplir simultáneamente dos grandes mandatos: amar a Dios en su ser trino, lo cual la parte 1 del *Directorio* nos enseña a hacer, y amar a nuestro prójimo como nos amamos a nosotros mismos, a lo que nos llevan las partes 2 a 4 sobre nuestras responsabilidades en el hogar, la iglesia y la comunidad. Observe, por cierto, que el amor al prójimo, lo cual después de todo, es una forma de caridad, tiene que empezar en el hogar; este es el énfasis bíblico y de la Reforma. La familia es la sociedad principal de la humanidad, y aquellos que no aprenden a amar y servir a sus prójimos en el hogar: cónyuge, hijos, siervos, se quedan hipócritas y discípulos falsos sin importar cuánto se esfuercen para servir a los demás en la iglesia y más allá de esta. ¡Lo primero es lo primero!

La tercera perspectiva es *la centralidad de la eternidad*. El cielo y el infierno son realidades, y la grandeza del alma humana consiste parcialmente, por lo menos, en el hecho de que nunca dejaremos de existir; sin embargo, debemos habitar eternamente en uno u otro de estos destinos. El propósito de la vida es descubrir y seguir el camino al cielo, por medio de la conversión y la santificación en fe, esperanza y amor. Al suplicarles a sus oyentes y lectores que tomaran la eternidad seriamente, a pensar frecuentemente en ella, y así, a apresurarse para obtener la gloria celestial, Baxter seguramente dijo una palabra que los cristianos de hoy, inclinados al materialismo y a la mundanalidad hasta decir basta, necesitan verdaderamente escuchar. El devocional pujante y de mayor venta que se menciona antes, el cual lanzó a Baxter a la prominencia en 1650, y que ha sido ligado a su nombre desde entonces, *El descanso eterno de los santos*, insiste en este tema con gran énfasis, y su escritura evangelística y pastoral de allí en adelante nunca se perdió de vista.

Consejero para los cristianos en depresión

Para los puritanos, como un cuerpo, la buena vida era la vida devota, y la vida devota era un producto del pensamiento: pensamiento sobre la infraestructura de las obligaciones (deberes) que Dios ha establecido en su Palabra, pensamiento sobre el perdón comprado con sangre y la aceptación por la que viven los cristianos, pensamiento sobre las promesas misericordiosas de Dios, pensamiento sobre los medios y los fines, y pensamiento sobre la gloria de Dios como el objetivo verdadero de toda vida creada. La instrucción puritana en el comportamiento y las relaciones era, por lo tanto, primera y principalmente un asunto de enseñarle a la gente a *pensar* (o, para usar su palabra regular para esto, a *considerar*): eso es, reflexionar sobre cómo servir y complacer a Dios en respuesta a la verdad y la gracia que él ha dado a conocer en la creación, en Cristo y a través de Él. Es aquí, sin embargo, tal como los puritanos vieron claramente, donde surgieron los problemas. Claro está, ellos sabían, de la misma forma que lo sabía y lo sabe casi todo mundo en el mundo occidental, que cada ser humano es una unidad psicofísica, en la que el cuerpo y la mente, aunque distintos, son actualmente inseparables, y cualquiera de los dos puede dejar su huella funcionalmente sobre el otro, para bien o para mal. Hay un problema aquí; los factores físicos llevaban a una medida de desequilibrio mental, eso era lo que los puritanos etiquetaban como melancolía. Aunque diagnosticado de manera diferente, aún permanece con nosotros hoy día.

La palabra *melancolía*, que hoy día es simplemente un sinónimo de tristeza, era en el siglo XVII un término médico. Proviene de dos palabras griegas que significan "bilis negra". La teoría era que el cuerpo humano contenía cuatro "humores" en diferentes proporciones; especialmente: sangre, flema, bilis amarilla y bilis negra. Una de estas, al ser predominante, determina el temperamento (otro término técnico en aquellos días) de cada persona; es decir, la calidad de la conducta y disposición de uno. Una persona podía ser sanguínea (abundar en sangre: optimista, emprendedora y responsable de trabajar demasiado), o flemática (tranquila, objetiva, apática, y quizá fría), o colérica (impetuosa, agresiva, y a veces, explosiva), o melancólica (sombría, pesimista, propensa a huir asustada, sufre de desesperación, fantasías destructivas).[7] La mente observadora y analítica de Baxter, la que le sirvió para desenvolverse por un tiempo como el doctor principiante de Kidderminster, lo equipó para enfocar y describir a la melancolía con precisión sobre la base de la interacción pastoral y observacional de primera mano. Su descripción puede resumirse como sigue:

La melancolía, según Baxter la percibía, era una realidad psicofísica, una "enfermedad de locura... de la imaginación"[8] que podría ser causada porque el cuerpo estaba decaído (tristeza que proviene de su bazo"),[9] o por la sobrecarga o fatiga excesiva de la mente, o quizá, por ambas cosas juntas. Sus síntomas eran reconocibles en muchos puntos como distorsiones de las ideas y los ideales puritanos que impregnaban la cultura. Estos incluían

---

7. La adherencia de Baxter a esta perspectiva aparece cuando escribe que Satanás puede "mucho más fácil tentar a una persona colérica al enojo, que a otra; y a una persona flemática, carnal a la pereza; y a una persona sanguínea o de temperamento alterado a la lujuria, y promiscuidad; así también, a una persona melancólica a pensamientos blasfemos, infidelidad y desesperación" (Baxter, *Christian Ethics*, Cap. 6, "Directions for the Government of the Thoughts," título 5, "Directions to the Melancholy about Their Thoughts," no. 26).

8. Baxter, "Directions to the Melancholy," introductory par.

9. Richard Baxter, *The Right Method for a Settled Peace of Conscience and Spiritual Comfort* (1653), direct. 2, no. 2.

temores descabellados: centrados en el infierno, descontrol en la mente y el corazón; además, impresiones engañosas de escuchar voces, ver luces brillantes, sentir roces y ser impulsado a blasfemar o cometer suicidio. Las pesadillas eran frecuentes. Los melancólicos característicamente no podían controlar sus pensamientos; eran incapaces de dejar de desesperarse por todo o de empezar una disciplina de agradecimiento y regocijo en Cristo, o de concentrarse en algo que no fuera su propia desesperanza y la certidumbre sentida de condenación. Ellos cultivaban la soledad y la pereza; pasaban horas sin hacer nada. Insistían en que los demás no los comprendían y que ellos no estaban enfermos, sino que eran realistas acerca de sí mismos, y resultaban neciamente obstinados en el tema de tomar medicamentos.

El tratamiento que Baxter, como pastor, recomendó se reduce a nunca dejar que los melancólicos pierdan de vista el amor redentor de Dios, la oferta gratuita de vida en Cristo y la grandeza de la gracia en cada punto en el evangelio; no intentar practicar el "deber secreto" de la meditación y la oración por cuenta propia, sino orar en voz alta y acompañado; cultivar la comunidad cristiana alegre ("no hay júbilo como el júbilo de los creyentes"),[10] evitar el ocio y hacer buen uso de un médico capaz, un pastor perceptivo y otros mentores y amigos cristianos y fieles, para recibir apoyo, guía y la sanidad.

En dirección a la evaluación

La medida de nuestra apreciación del ministerio de Baxter a los cristianos deprimidos será seguramente el alcance al que vayamos con su punto de vista del hombre, el pecado y la gracia. No hay conflicto en que la teología puritana era genéricamente reformada, y la teología reformada era (y es) genéricamente agustina, y la teología de Agustín era genéricamente paulina y joánica, sobre la base de una visión de la Escritura como una verdad divina

---

10. Baxter, *Right Method for a Settled Peace*, direct. 2, no. 3.

acreditada, sin alteraciones e invariable. Tanto Pablo como Juan insisten en la perversidad radical del corazón humano caído, y la calidad igualmente radical del cambio interior que el Espíritu Santo efectúa cuando lleva a la persona a una fe salvadora en el Señor Jesucristo. Sintonizándose con las imágenes de Ezequiel del nuevo corazón y nuevo espíritu (Ezequiel 36:26),[11] Pablo habla de este cambio como una nueva creación (2 Corintios 5:17),[12] y Juan lo describe, tal como lo hizo Jesús mismo, como un nuevo nacimiento (1 Juan 2:29-3:9,[13] vea también Juan 3:3-12).[14] Los pastores puritanos como un cuerpo, al igual que Baxter, veían a todos como sujetados natural y profundamente por el pecado: es decir, rebeldía, soberbia contra Dios y egocentrismo. Tomaron como incumbencia propia presentarles a los pecadores la verdad sobre Jesucristo, el Salvador, y la realidad de Cristo mismo, el

---

11. "Os daré corazón nuevo, y pondré espíritu nuevo dentro de vosotros; y quitaré de vuestra carne el corazón de piedra, y os daré un corazón de carne". (Ezequiel 36:26).

12. "De modo que si alguno está en Cristo, nueva criatura es; las cosas viejas pasaron; he aquí todas son hechas nuevas". (2 Corintios 5:17).

13. "Si sabéis que él es justo, sabed también que todo el que hace justicia es nacido de él. Mirad cuál amor nos ha dado el Padre, para que seamos llamados hijos de Dios; por esto el mundo no nos conoce, porque no le conoció a él. Amados, ahora somos hijos de Dios, y aún no se ha manifestado lo que hemos de ser; pero sabemos que cuando él se manifieste, seremos semejantes a él, porque le veremos tal como él es. Y todo aquel que tiene esta esperanza en él, se purifica a sí mismo, así como él es puro. Todo aquel que comete pecado, infringe también la ley; pues el pecado es infracción de la ley. Y sabéis que él apareció para quitar nuestros pecados, y no hay pecado en él. Todo aquel que permanece en él, no peca; todo aquel que peca, no le ha visto, ni le ha conocido. Hijitos, nadie os engañe; el que hace justicia es justo, como él es justo. El que practica el pecado es del diablo; porque el diablo peca desde el principio. Para esto apareció el Hijo de Dios, para deshacer las obras del diablo. Todo aquel que es nacido de Dios, no practica el pecado, porque la simiente de Dios permanece en él; y no puede pecar, porque es nacido de Dios." (1 Juan 2:29–3:9).

14. "Respondió Jesús y le dijo: De cierto, de cierto te digo, que el que no naciere de nuevo, no puede ver el reino de Dios. Nicodemo le dijo: ¿Cómo puede un hombre nacer siendo viejo? ¿Puede acaso entrar por segunda vez en el vientre de su madre, y nacer? Respondió Jesús: De cierto, de cierto te digo, que el que no naciere de agua y del Espíritu, no puede entrar en el reino de Dios. Lo que es nacido de la carne, carne es; y lo que es nacido del Espíritu, espíritu es. No te maravilles de que te dije: Os es necesario nacer de nuevo. El viento sopla de donde quiere, y oyes su sonido; mas ni sabes de dónde viene, ni a dónde va; así es todo aquel que es nacido del Espíritu. Respondió Nicodemo y le dijo: ¿Cómo puede hacerse esto? Respondió Jesús y le dijo: ¿Eres tú maestro de Israel, y no sabes esto? De cierto, de cierto te digo, que lo que sabemos hablamos, y lo que hemos visto, testificamos; y no recibís nuestro testimonio. Si os he dicho cosas terrenales, y no creéis, ¿cómo creeréis si os dijere las celestiales?'" (Juan 3:3–12).

Señor resucitado, vivo y presente; para hacerles un llamado para responder a las buenas nueva de la gracia; y para guiar a la gloria a los fieles que respondieron al entrenarlos en un discipulado lúcido e incondicional a su Maestro.

El libro *El pastor reformado* de Baxter muestra lo que esta tarea significaba para él en lo personal, y el Sr. Gran Corazón, en la segunda parte de libro *Pilgrim's Progress* de Bunyan lo describe en términos aún más amplios. Lo que nosotros llamamos depresión y Baxter llamaba melancolía, compuesta como lo es de irracionalidad, alucinación, la pereza de la inactividad y la pesadumbre de la desesperación, les impide a sus víctimas comprometerse reflexiva, perceptiva y decididamente a Cristo, con la esperanza, el gozo y el amor que requiere el evangelio. Así que no debería sorprendernos que Baxter viera el alivio de la melancolía como una tarea primordial para el pastor y tampoco que él prescribiera para su alivio una versión modificada de las disciplinas devocionales cristianas.

De todas maneras, la manera de abordar la depresión que marca al mundo occidental del presente se separa de la de Baxter y sus colegas puritanos en todas partes. Para comenzar, la noción cristiana histórica de comunidad ha sido reemplazada por un patrón de pensamiento secular, pragmático y mundano que da por garantizado que el objetivo apropiado de cada uno es una eficiencia funcional, libre de dolor, bien socializada y autosatisfactoria en cualquier estilo de vida que uno elija aceptar. La depresión es vista ahora no como un desorden específico de una naturaleza humana ya desordenada y mal dirigida, sino como una enfermedad mental, un fenómeno a la par de la enfermedad física, concretamente, el mal funcionamiento de un órgano o proceso que está incrustado en el sistema humano. La depresión clínica es una etiqueta para cualquier estado de pesadumbre y tristeza difusa que niega el empeño, el logro y la satisfacción con la vida, y en su lugar reproduce descontento y desesperanza. Hoy en día, está ligada con el desorden de pánico y los aspectos de la esquizofrenia y el trastorno bipolar, como una condición que un medicamento bien elegido debería poder aliviar.

Por ahora, sin duda, muy cierto. Mi único punto es que cuando los cristianos están en depresión, esta no es toda la historia; pues tal depresión no es vista generalmente como evidencia de que la naturaleza humana en sí está perdiendo la forma, ni como una realidad con la que los pastores de iglesias o líderes de grupos cristianos estén de manera alguna calificados para tratar. El supuesto es que las personas deprimidas deberían ser guiadas a los médicos, terapeutas y profesionales de apoyo, y se espera que dichas personas, con la ayuda de drogas antidepresivas aunadas, donde sea necesario, con consejería estructurada tengan éxito en restaurar a las víctimas de la tristeza opresiva a una vida de iniciativa racional y animada. Dentro de este mundo de diagnóstico y tratamiento, se supone comúnmente que todas las formas de religión son excentricidades desequilibradas, y en particular, a los pastores cristianos, en efecto, se les pide de vez en cuando, a veces explícitamente, que se mantengan al margen.

Indiscutiblemente, hay una ganancia, dentro de los límites, en el desarrollo moderno de la terapia para la depresión, sin embargo, también parece haber pérdidas. Los pastores en las tradiciones reformada, puritana y evangélica ven como responsabilidad propia seguir enseñando la verdad acerca de Jesucristo, crucificado y glorificado, a través de quien el Espíritu Santo habrá una obra de transformación moral y espiritual en la vida de aquellos que se vuelven a Él, buscando salvación de la culpa y del poder del pecado. Tales pastores, que sirven a la gente de esta manera, al enfrentarse con la depresión desearían seguramente traer al menos algo del pensamiento que Baxter ejemplifica para lidiar con la situación. Entonces ¿no parece haber necesidad de un patrón de asociación entre ellos y aquellos psiquiatras que no eliminan la religión como un elemento en la vida buena? Esta pregunta requiere mayor discusión. Sin embargo, por el momento, debemos hacernos a un lado y dejar que Baxter lo explique por sí mismo.

"Indicaciones sobre la melancolía" y "La cura de la melancolía"

Durante sus años de expulsión del pastorado por los términos del Acta de Uniformidad de 1662, Baxter, aunque vivía tranquilamente en Londres o en sus alrededores, ganó una reputación como consultor sobre varios desórdenes espirituales, siendo la melancolía uno de ellos. No debería sorprendernos, por lo tanto, que cuando se hicieron los planes para una serie de lecturas-sermones temático-textuales sobre problemas pastorales, cada uno dado por un clérigo iconoclasta y para ser publicados, Baxter, debe habérsele encargado predicar sobre la pregunta: "¿Cuáles son los mejores preservantes contra la melancolía y demasiada tristeza?" y hacerlo con referencia a 2 Corintios 2:7, donde se halla la frase "demasiada tristeza" (RVR1960). Baxter tenía un pensamiento inclinado hacia los tratados que siempre procuraba decir, aunque fuera brevemente, todo lo que sabía sobre el tema en mente; y aquí, él tomó la oportunidad para detallar todo lo que sabía sobre el manejo pastoral de la depresión y sus diferentes formas.

Dos veces previamente (en la segunda "Indicación" de su *Método correcto para una paz de conciencia establecida y el consuelo espiritual*; y en "Instrucciones sobre la melancolía acerca de sus pensamientos", en su *Directorio cristiano* reproducido en nuestro capítulo 3 como "Consejo para los cristianos deprimidos y ansiosos"), él había escrito un retalo de la condición melancólica, vista como una disfunción espiritual. En "La cura para la melancolía y la demasiada tristeza" (reproducido en nuestro capítulo 4 como "La resolución de la depresión y la tristeza abrumadora a través de la fe"), él lo expone como una bloqueo para la fe, la esperanza, el gozo y el amor. Habiéndolo contextualizado como una forma de "demasiada tristeza", él se esfuerza en cubrir todas las bases de la ministración pastoral correctiva y potencialmente curativa que la Biblia ofrece.

Capítulo 2

RICHARD BAXTER: PERSPECTIVA Y RETROSPECTIVA

Dr. Michael S. Lundy

Las obras reproducidas en este libro reflejan varias décadas del cuidado intenso, continuo y práctico que Richard Baxter tenía por la gente hace más de 350 años. Baxter se esforzó en poner por escrito las lecciones aprendidas. Él fue un hombre extraordinariamente bueno.[1]

Una cantidad de biografías del reverendo Richard Baxter están disponibles,[2] así como sus propios escritos autobiográficos,[3] con mi colega y hermano mayor en este trabajo presente siendo la autoridad contemporánea verdadera sobre Baxter. Los escritos

---

1. El agradecimiento se extiende hacia: Drs. Ligon Duncan y J. I. Packer, por sus comentarios a mi revisión inicial de Baxter's "Directions"; a mi editor, Thom Notaro, quien fue hábil y diplomático, y sobre todo a mi esposa, Robin W. Lundy, quien transcribió mucho del material del original y cuidadosa y pacientemente leyó, volvió a leer y comentó provechosamente mis muchas revisiones, como siempre, probándose a sí misma ser de apoyo constante.

2. Biografías reflexivas y empáticas se pueden encontrar en línea.

3. Richard Baxter y J. I. Packer, *A Grief Sanctified: Passing through Grief to Peace and Joy* (Ann Arbor, MI: Vine, 1998).

originales del Dr. Packer dan un contexto muy adecuado sobre el cual podemos colocar y apreciar a Baxter y a sus muchos compañeros ilustres[4] del siglo XVII.

Pastor de alma y cuerpo

Baxter llevaba una doble vida, no en términos de duplicidad, sino en funcionamiento, y nuestros dos capítulos introductorios reflejan esa dualidad. Como era perfectamente permitido y evidentemente regular en sus días, Baxter era un pastor ordenado quien, además, por necesidad, servía como médico laico. Por consiguiente, el Dr. Packer y yo escribimos desde nuestra propias áreas de calificación y experiencia profesional respectivas, pero también desde nuestras perspectivas como consejero laico (J.I.P) y teólogo laico (M.S.L.). El que tales distinciones y advertencias tengan que ser presentadas indica una especialización, tanto en medicina como en teología, que quizá nos ha dejado cortos en ciertos aspectos. Nuestros intereses independientes, aunque similares, a lo largo de los años están representados en nuestro esfuerzo colaborativo para reducir (decimos) la inútil y muchas veces injustificada segregación del cuerpo y del alma tanto médica y pastoral, como teológica y psicológicamente.[5] El aislamiento de lo clínico y lo pastoral ha sido difícilmente un bien incondicional y, aunque los avances en medicina han sido tremendos desde la época de Baxter, muchos aspectos fundamentales de la práctica médica continúan, y deberían continuar, sin cambios.

Las conceptualizaciones reduccionistas del cuerpo y del alma no son nuevas, y aunque no siempre son inapropiadas, no siempre resultan en claridad práctica, a pesar de los intentos bien

---

4. Ver J. I. Packer, *A Quest for Godliness: The Puritan Vision of the Christian Life* (Wheaton, IL: Crossway, 1990); y Packer, *The Redemption and Restoration of Man in the Thought of Richard Baxter* (Vancouver: Regent College Publishing, 2003).

5. Se ha dicho que distinguir la cabeza del resto del cuerpo es una cosa; separar los dos, es otra. Como esta distinción es la diferencia entre exponer y ejecutar, debemos tener un cuidado similar en nuestro trato a la persona y distinguir sin separar alma y cuerpo, mente y materia.

intencionados. Los esfuerzos para simplificar las nociones del cuerpo y el alma datan de la antigüedad, resultando en confusión acerca de la naturaleza y el cuidado de cada una. Los esfuerzos para reparar tal confusión conceptual han producido términos como una *medicina integral, cuidado holístico*, etcétera. Estos esfuerzos no son completamente recientes. Mi propia introducción abrupta a estos vino de un ejemplo duro de lo que sucede cuando los médicos, los buenos, intentan tratar el cuerpo sin abordar el alma.

Yo era un estudiante de medicina en la universidad Tulane. Un paciente había sido admitido en el servicio de urgencias del hospital la noche anterior. En el cuidado de la persona relativamente joven estaban involucrados un médico internista y un médico residente. Debido a que esta paciente vino a la sala de urgencias con un dolor de pecho subesternal, severo y aplastante, la movieron rápidamente al frente de la fila para practicarle un angiograma (cateterización del corazón). El diagnóstico supuesto era "angina inestable", causada por vasos sanguíneos cardíacos restringidos, y esta paciente (no sin razón) parecía estar al borde de un infarto al miocardio (ataque cardíaco) si no se le daba de inmediato el único tratamiento que se consideraba efectivo en ese momento: cirugía de emergencia de baipás cardíaco. Se necesitaba el angiograma para proveer el "mapa" anatómico requerido para informarle al cirujano qué vasos estaban bloqueados y cuánto. Se dio por sentado que uno o más estaban bloqueados, y la necesidad por la urgencia debió parecer igualmente evidente.

Para disgusto del médico residente y su interno, el angiograma cardíaco mostró una ausencia total de vasos estrechos. No había evidencia radiográfica del tipo de padecimiento cardíaco esperado, sin duda era el único tipo considerado. La angustia de la paciente fue juzgada como una presentación directa de enfermedad cardíaca a través de la mala aplicación del principio conocido como navaja de Occam. Fue mal aplicada en que el listado de las causas probables fue truncado prematuramente, de manera que las *otras* causas subyacentes no fueron consideradas apropiadamente, mucho menos identificadas.[6]

Se presenta el doctor George E. Burch.[7] El exdecano de medicina en Tulane y editor previo de la *American Heart Journal*, el Dr. Burch era, en ese entonces, profesor emérito de medicina y pasaba su tiempo en el laboratorio de investigación, así como supervisando residentes, internos y estudiantes de medicina. En general, el Dr. Burch asumía la competencia en sus médicos residentes y usaba una "mano ligera" en los asuntos de supervisión. Sin embargo, él esperaba que esa confianza fuera retribuida con diligencia clínica y rigor intelectual. Aunque el interno y el residente habían sido rápidos y diligentes, como convenía en esta emergencia, por una razón u otra, ellos no obtuvieron una descripción clínica completa.

La paciente (quien acababa de pasar por una cateterización cardiaca, un procedimiento que, tanto entonces como ahora, conlleva riesgos significativos) estaba libre de síntomas, sentada en su cama, esperando las "rondas matutinas", una formalidad por medio de la cual se presenta a los pacientes nuevos con el médico tratante. Al Dr. Bruch le informaron apropiadamente sobre los síntomas que la paciente presentaba y su historial médico ordinario previo, sin embargo, no le informaron sobre la cateterización. Él jaló una silla y la puso a lado de la cama y entrevistó a la paciente durante unos minutos en presencia del residente, el interno y dos estudiantes de medicina, quienes eran parte de su servicio, y yo tuve el privilegio de ser uno de ellos. Él tomó un historial enfocado, lo cual fue revelador, e hizo las preguntas que

---

6. La "navaja de Ockham" es el principio que entre las explicaciones que compiten, la más simple es la preferible, ya que tiene menos supuestos. Un resumen rápido de la navaja de Ockham y el concepto muy diferente de excesiva determinación mostrará la complejidad inherente al tratar de verificar la causalidad con confianza, uno de los problemas formidables en el estudio filosófico conocido como epistemología.

7. 1910–1986.

debieron haberse hecho al momento en que la paciente llegó a la sala de urgencias.[8]

La paciente era una mujer que estaba a finales de sus treintas, sin evidencia de factores de riesgo para una enfermedad coronaria. Ninguno. Sin embargo, los síntomas que presentaba eran inconfundibles de una angina clásica (un dolor de corazón como resultado de una isquemia cardíaca: una falta de oxígeno debido al flujo de sangre reducido a través de las arterias coronarias). Sin embargo, la historia obtenida por el Dr. Burch proveía una explicación por el dolor de pecho de la paciente que la cateterización del corazón falló en esclarecer. Una historia casi de drama bíblico que se descubrió ante nuestros oídos.

Esta joven mujer era madre de tres hijos adultos. Un hijo había asesinado recientemente a su hermano y probablemente enfrentaría una sentencia de por vida, si no la ejecución. El tercer hijo, airado por lo que el primero había hecho, ciertamente estaba planeando asesinarlo, lo que habría llevado al encarcelamiento del tercer hijo y probablemente a la ejecución. Así que esta madre, que había sufrido la muerte de un hijo en manos de otro, se enfrentaba al prospecto muy real de perder a los dos hijos que le quedaban y se sentía impotente para evitar la extensión de la catástrofe. Esto era ciertamente una manifestación de una enfermedad del corazón: *un corazón quebrantado*.[9] Esta historia, obtenida por un médico experimentado y hábil, en cuestión de tres o cuatro minutos, proveyó tanto el diagnóstico correcto como señaló el tratamiento adecuado, un tratamiento mucho más complejo, pero mucho menos peligroso que una cirugía de baipás cardiaco.

¿Cómo pudo esta paciente haber sido tan mal diagnosticada y maltratada? A través de un intento completamente sincero,

---

8. Para ser justos, la representación de esta paciente en la sala de emergencias puede no haber permitido su registro como una historia adecuada debido a la agudeza de su malestar.

9. Desde entonces, ha surgido un diagnóstico actual, así como una fisiología explicativa de sus síntomas: cardiomiopatía Takotsubo, también conocida como cardiomiopatía por estrés, o más conocida como "síndrome del corazón roto".

pero desacertado, de tratar su cuerpo separadamente de su alma, un acercamiento que puso ambas cosas en riesgo. Esa decisión pudo haber matado a la paciente como resultado del angiograma y culminado en las muertes de los hijos que le quedaban, a través del asesinato y la ejecución. Un médico experimentado, al que algunos de los médicos residentes rechazaban ampliamente considerándolo como pasado de moda y atrasado en el tiempo, pudo haber salvado las vidas de tres personas al invertir menos de cinco minutos de tiempo bien empleado.

El drama intenso revelado a través del historial sencillo que tomó el Dr. Burch quedó impreso indeleblemente en mi mente. Desearía poder decir que desde entonces he evitado la trampa del dualismo y el reduccionismo. No es así. Tampoco lo han hecho la mayoría de mis colegas médicos. Si acaso, la seducción por un dualismo reduccionista ha aumentado, dirigido inadvertidamente por los avances en tecnología y la disminución en tiempo invertido en hablar con los pacientes. Irónicamente, esto ha ocurrido a pesar de la atención que se le da a la medicina holística bajo sus diferentes etiquetas. De hecho, un esfuerzo por practicar holísticamente puede convertirse, para muchos médicos generales ocupados, en otro requerimiento de documentación que toma mucho tiempo, otra casilla que chequear. La consecuencia involuntaria de los esfuerzos bien intencionados para resolver problemas agudos mientras se hace muy pocas preguntas demuestra el aforismo que dice "la causa principal de los problemas son las soluciones".[10]

La tutela del Dr. Burch me ha impedido perder de vista el bien inherente del cuidado integral, y me ha vuelto receloso de las estrategias de mercadeo que han surgido, desde su época, promocionando muchos enfoques dudosos, incluyendo una serie de remedios de autoayuda. Está disponible una biografía competente, privada y notablemente detallada de la influencia de amplio

---

10. Atribuido a Eric Sevareid, periodista de mucho tiempo de *CBS News*.

espectro y, a veces, controversial del Dr. George Burch en el campo de la medicina clínica.[11] Restringiré mis ya generosos comentarios a esta lección inolvidable: Cada uno de nosotros es mucho más complicado de lo que puede explicarse por medio de la formulación fisiológica, neuroquímica y psicológica. Nuestras muy complicadas fisiología, neuroquímica y psicología están profundamente afectadas por nuestra alma, incluso tal como nuestras almas están afectadas por ellas.

Baxter escribió sobre el cuidado del alma y el cuidado del cuerpo somo si fueran componentes indivisibles, si no indistinguibles, de una misma persona. Aunque este es un objetivo de la medicina moderna frecuentemente citado y se ha hablado y escrito mucho al respecto, tanto como para hacer tediosa su referencia extensiva, Baxter tenía una ventaja. Él no estaba realmente tratando de unir dos partes divididas de una persona, sino que veía al alma y al cuerpo juntos, claramente, como la persona. Sus escritos y consejos lo reflejan.

Como un metafísico post-medieval, pero todavía premorderno, Baxter "entendió", en términos operativos, lo que el hombre postmoderno aún está tratando de comprender. Para Baxter, no había conflicto entre el cuerpo y el alma, aunque él no discutiría que, muchas veces, había una *tensión* muy real y práctica, o desequilibrio, entre ellas. Sin embargo, uno deduce que los encuentros con almas incorpóreas o cuerpos sin alma, pero que todavía viven, eran desconocidos para el pensamiento y la práctica de Baxter como metafísico, ya sea expresa o implícitamente. Al mismo tiempo, él tenía una apreciación de la tendencia en su propia época de que los pacientes enfatizaban el alma sobre el cuerpo o, con menos frecuencia, el cuerpo sobre el alma. Su consejo es una corrección directa y eficaz a esas tendencias, las cuales, aunque antiguas, continúan hasta esta preciso día y aún necesitan ser replicadas.

---

11. Vivian Burch Martin, *The Celestial Society: A Life of Medicine* (Bloomington, IN: Xlibris, 2010).

El puritano del siglo XVII

Presentar a Baxter es, al mismo tiempo, placentero y raro. Es raro en un par de frentes. Primero, él era un puritano, y sigue siendo difícil presentarle el puritanismo a alguien que aún no está identificado con ese movimiento. Mis propias referencias hacia Baxter, como pastor puritano, muchas veces suscitaron la respuesta "¿Qué?": una perplejidad que supera cualquier conciencia de que haya vivido y escrito en Inglaterra en el siglo XVII, un momento y lugar de agitación increíble. La caricatura desafortunada de los puritanos aceptada por los cristianos y no cristianos ha sido cuidadosamente desacreditada,[12] pero su desprestigio ha sido asiduamente ignorado por quienes no simpatizan con la visión puritana de la vida cristiana. Así que no siempre me tomo la molestia de mencionar que Baxter era un puritano. Es sencillamente que no siempre es útil o relevante.

Sin embargo, es impropio *no* definir a Baxter como un puritano en el contexto de la reimpresión editada de sus propios escritos, especialmente cuando sus oportunidades para escribir estaban directamente relacionadas a sus años de persecución debido a sus posturas teológica y política como puritano. Habiendo sido privado de la libertad para predicar, él acudió a la escritura; y continuó diciendo, por escrito, lo que ya no podía expresar abiertamente, después de haber sido depuesto de su cargo. Sin embargo, la postura del puritano inglés ha sido detallada en la obra extremadamente amena del Dr. Packer.[13] Aquellos que llevan un sesgo no analizado contra los puritanos podrían, al menos, desear comprobar ese sesgo a la luz de los comentarios de Packer. Quienes ya están familiarizados con sus escritos probablemente conocen las otras varias obras que exploran y explotan las falsedades que persisten acerca de estos hombres y mujeres.

---

12. El trabajo pionero de restaurar una perspectiva histórica de los puritanos es Perry Miller, *The New England Mind: The Seventeenth Century* (Boston: Beacon, 1961). Ver también Leland Ryken, *Worldly Saints: The Puritans as They Really Were* (Grand Rapids, MI: Zondervan, 1986).

13. Packer, *A Quest for Godliness*.

Además, para entender que Baxter era un puritano, uno también necesita apreciar que él era un inglés del siglo XVII. Eso fue, para nuestras susceptibilidades modernas, hace mucho tiempo. ¿Quién podría ser menos moderno o más fácilmente ignorado que un hombre inglés, blanco, que tiene tanto tiempo de estar muerto? El "Dr." Baxter está en peligro de ser relegado a la misma categoría que mi otro mentor, el Dr. Burch: *fuera de moda y desfasado*. Esta valoración comprueba ser incluso menos aplicable para Baxter que para el Dr. Burch (quien inició enfoques innovadores y poco convencionales, algunos de los cuales siguen siendo aceptados como normas de cuidado). Ahora bien, uno podría hacer precisamente pequeñas objeciones de que los medicamentos "psique" elogiados por Baxter no encontrarían aceptación hoy día. Y a veces la sospecha idiosincrática de la droga más reciente también era legítimamente criticada por sus subordinados y compañeros. Sin embargo, esas son críticas anacrónicas y superfluas de ambos hombres. Lo que sí es relevante para cada uno es el entendimiento de la naturaleza humana personificada en sus enfoques clínicos para cada paciente.

Una cantidad de cosas *han* cambiado desde el siglo XVII. La manera en que se les llama a las condiciones psiquiátricas específicas (nomenclatura) y cómo tales condiciones están clasificadas (nosología) sigue cambiando. Los tratamientos para las condiciones psiquiátricas han sido, quizás, tan variadas como los nombres que se les ha dado a través de los siglos. Lo que parece haber quedado sin cambiar, sin embargo, es la *naturaleza* de los desórdenes psiquiátricos.

Si es cierto que las condiciones psiquiátricas subyacentes en sí han permanecido constantes, ¿cuáles principios universales de diagnóstico general y tratamiento podríamos hallar aplicables a lo largo de las eras? ¿Existen enfoques duraderos y eficientes para aliviar el sufrimiento y la tristeza? ¿O es la regla general que lo último sea también lo más grande?

Si la historia, o nuestro entendimiento de esta, fuera lineal y progresiva, entonces podríamos asumir que los tratamientos médicos de la actualidad son *necesariamente* mejores que los del pasado. ¿Cuánto más aún que aquellos de hace más de trescientos años? Hasta cierto punto, eso es cierto. Ya no defendemos lo que considerábamos tratamientos bárbaros e ineficaces. El sangrado es lo que viene a la mente cuando se mencionan las prácticas médicas anticuadas. Irónicamente, la práctica del sangrado, la cual alguna vez fue ampliamente aplicada a todo tipo de enfermedad, ha hallado una aplicación moderna para un rango muy estrecho de condiciones hematológicas.[14] ¿Podríamos encontrar en los escritos de Baxter consejo general que ha soportado la prueba del tiempo? Ya que las recomendaciones que él fomenta son tanto generales como particulares, parece razonable esperar que el consejo general sólido de una era podría demostrar ser válido para otra, aunque las aplicaciones específicas de tal consejo siempre requerirán de un acercamiento individualizado.

Los términos de Baxter y nuestros tiempos

También es necesario filtrar parte de la terminología que Baxter utiliza, parte de la cual solo tiene una analogía inexacta en nuestra medicina y psicología modernas. Por ejemplo, la teoría de medicina humoral, una construcción griega antigua derivada de la ciencia no experimental, continuaba dominando en el tiempo de

---

14. Para los curiosos, aquí hay dos ejemplos y explicaciones superficiales. (1) Policitemia vera es una condición en la que el cuerpo produce un exceso de eritrocitos (glóbulos rojos), que resulta en demasiado de algo bueno. El tratamiento sintomático implica extraer el exceso de los glóbulos rojos vía flebotomía, o desangrado controlado. Esto reduce la viscosidad excesiva de la sangre del paciente durante un tiempo, pero cuando se producen nuevas células en exceso, se debe repetir el procedimiento. (2) En hemocromatosis, el cuerpo retiene excesivo hierro y lo almacena en órganos (hígado, corazón), los cuales con el tiempo se destruyen por el exceso de hierro. Aunque las personas afectadas no tienen exceso de glóbulos rojos, pueden estar sujetos a flebotomía para producir una *deficiencia* de glóbulos rojos (anemia). El hierro en la forma de hemoglobina se extrae vía flebotomía, la movilización de hierro de almacenajes en el hígado y en el corazón entonces es requerido para solucionar la anemia inducida. Con el tiempo y repitiendo la flebotomía (y sí, otros tratamientos), se puede extraer el hierro de estos órganos para mitigar el daño.

Baxter. Aunque es tentador considerarlo pintoresco como máximo e ignorante como peor, las categorías utilizadas como explicaciones de la personalidad y el temperamento humano de hecho tienen analogías agrestes hoy día. El interés laico en la personalidad basada en perfiles computarizados, tal como la Myers-Briggs (con sus cuatro cuadrantes) es un ejemplo. Estos modelos son herramientas muy útiles si se entienden y utilizan apropiadamente dentro de las restricciones inherentes. La teoría humoral, con sus cuatro "humores" (bilis negra, bilis amarilla, flema y sangre) que al dominar dan lugar respectivamente a los temperamentos: melancólico, colérico, flemático y sanguíneo, podrían haber sido adecuada para la ciencia como para la farmacología existente. Aunque esto podría no parecer un endoso rotundo, la teoría obsoleta continúa proveyendo una descripción útil aunque burda de la estructura de la personalidad.

Aunque puede haber muchas razones buenas para apoyar la noción de que la incidencia y la prevalencia de los desórdenes mentales ha cambiado a lo largo de los siglos, tal fluctuación parecería más probablemente representado por incrementos y decrementos en condiciones específicas, y no se esperaría que influenciara la *naturaleza* subyacente de tales padecimientos. De nuevo, la epidemia comprobable de enfermedades cardiovasculares en los siglos XX y XXI es representativa de esto. De manera similar, la depresión ha aumentado dramáticamente, y continúa así. Sin embargo, sigue siendo *depresión*, y no alguna nueva condición nunca vista. La introducción de condiciones no previamente escuchadas (y altamente creativas) dentro de la "guía de campo" psiquiátrica[15] no ha quedado sin responder, como lo reflejan las advertencias de investigadores serios y muy calificados.[16]

---

15. Paul McHugh, "*DSM-5: A Manual Run Amok*", Wall Street Journal (17 de mayo, 2013).
16. Allen Frances, "The New Crisis of Confidence in Psychiatric Diagnosis", Annals of Internal Medicine 159, no. 3 (6 de agosto, 2013).

Los escépticos, no solo los cínicos, se refirieron al reciente aumento en los casos de depresión en Estados Unidos como la "así llamada" epidemia de la depresión. ¿Cómo, razonan, puede haber un incremento tan dramático en condiciones que por mucho tiempo se ha sabido que existen, pero nunca se habían visto esos números abrumadores y cubriendo un rango muy amplio? La suposición de algunos es que las compañías farmacéuticas y la psiquiatría han conspirado implícita o incluso explícitamente para debilitar el criterio de diagnóstico y, así, inflar el número de casos (y la gente bajo medicamento). La verdadera respuesta a esas preguntas de la incidencia y prevalencia puede hacerse de manera retórica: "¿Cómo es posible que estemos viendo más diabetes mundialmente de lo que había en los siglos anteriores? Durante muchos años, la diabetes ha sido diagnosticada y monitoreada por instrumentos de medición directos e indirectos de la glucosa en la sangre. El periodo durante el cual mejores procesos de examen provocaron un incremento en la tasa de detección y diagnóstico ha pasado sustancialmente, y ahora los epidemiólogos están justificadamente seguros de que estamos viendo un incremento absoluto en la diabetes en los países occidentales. Es decir, algunas cosas *han* cambiado, y hay varios grados de evidencia para sugerir que estos cambios han contribuido, o incluso provocado, los incrementos en la incidencia y prevalencia de enfermedades de la vejez. También es cierto que algunas cosas no han cambiado, y la excusa del álbum de Flip Wilson *"The Devil Made me do It"* (el diablo me obligó a hacerlo) para lo que nunca se le había llamado enfermedad no parece más convincente que antes cuando la Asociación Americana de Psiquiatría lo disfraza como el DSM-5.[17]

Lo que *ha* cambiado fundamentalmente es *cómo llevamos nuestra vida*, o lo que muchas veces se denomina *estilo de vida*.

---

17. *Diagnostic and Statistical Manual of Mental Disorders: DSM-5*, quinta edición [Manual de diagnóstico y estadístico de trastornos mentales] (Arlington, VA: American Psychiatric Publishing, 2013).

Lo que hacemos, lo que comemos, cómo nos ganamos la vida, lo que pensamos, cuánto bebemos, cuántas horas dormimos, cuánto y en qué gastamos el tiempo y el dinero y cómo tratamos a los demás, todo eso afecta nuestra salud (y la de otros) en maneras que aún no se entienden completamente, pero a grados que durante mucho tiempo se han considerado importantes. Los puritanos, entre otros, estaban conscientes de esto y —siendo lógicos cautelosos y escritores prolíficos— resumieron estos asuntos para hacerlos generalmente más conocidos y disponibles. Baxter fue uno, entre muchos, pero uno cuyos pensamientos —"indicaciones", como él lo puso— han permanecido accesibles. Aunque no fue famoso, su obra teológica pastoral más importante, *El pastor reformado*, continúa siendo un clásico reverenciado y leído en seminarios en todo el mundo. Baxter sigue siendo venerado entre aquellos que conocen sus escritos por sus indicaciones eminentemente prácticas sobre cómo ajustar lo que pensamos, decimos y hacemos para cumplir con los estándares bíblicos.

No obstante, cuando Baxter hace referencia a un desequilibrio o composición humoral en particular, hacemos bien en evitar el anacronismo de sobreponer esas nociones antiguas como las derivadas de la medicina moderna y la neuroquímica. Así, un "desequilibrio" del sistema humoral no es realmente equivalente a la noción popular de un "desequilibrio químico" siendo responsable de la depresión, esquizofrenia o desorden bipolar, por ejemplo. Por otro lado, la noción excesivamente simplista (¿podemos decir reduccionista?) de un desequilibrio químico está demostrando ser igual de inadecuada en nuestros días para explicar enfermedades y dirigir tratamientos como lo fue la teoría humoral en su apogeo extenso. Se ha descubierto que la depresión es mucho más compleja que una "deficiencia de serotonina", como alguna vez se propuso y como aún se le describe frecuentemente. El uso continuo del "desequilibrio químico", como una explicación para una amplia variedad de padecimientos que van desde la diabetes, a la enfermedad de la tiroides hasta las condiciones psiquiátricas específicas comunica una ilusión de entendimiento y de causalidad definitiva en términos tanto de cuidado como de curación. Tal simplicidad, sin embargo, no se halla en ninguna de estas condiciones, aunque un tratamiento definitivo podría ser el procedimiento estándar para estas mismas condiciones. Por ejemplo, si la diabetes es conceptualizada como una deficiencia de insulina, lo que podría ser o no el caso, entonces la falsa expectativa se anticipa a que la condición y sus secuelas numerosas (enfermedad cardiovascular, neuropatía periférica, enfermedades renales, enfermedades oculares, etc.) pueden ser controladas o evitadas sencillamente "ajustando la dosis correcta" de insulina. La misma noción de poner al paciente en el "medicamento adecuado" ha comprobado ser similarmente inadecuado como constructo clínico en lo que se refiere a las condiciones psiquiátricas.

Insistir sobre elegir lo antiguo o lo nuevo constituye un dilema falso. Es la *mezcla* apropiada de lo antiguo y lo nuevo lo que constituye la sabiduría, como Cristo mismo enseñó (Mateo 13:52).[18] Y así es en el diagnóstico y el tratamiento de la depresión y la ansiedad. Por lo tanto, no debería sorprendernos que algunos de los tratamientos más nuevos y efectivos para estas condiciones hacen eco —muchas veces sin darse cuenta— de los enfoques que Richard Baxter describió hace tanto tiempo. No es que no haya dilemas o que todas las dicotomías aparentes sean falsas, sino más bien que muchas situación son complicadas y requieren prudencia.

En los dominios tanto del cuerpo como del alma, "los medicamentos correctos" muchas veces son absolutamente esenciales,

---

18. "Él les dijo: Por eso todo escriba docto en el reino de los cielos es semejante a un padre de familia, que saca de su tesoro cosas nuevas y cosas viejas" (Mateo 13:52).

pero con igual frecuencia son parcialmente eficaces.[19] Ciertamente, también puede haber varias modificaciones válidas y eficaces del "medicamento correcto". Por lo tanto, los medicamentos son regularmente *necesarios*, pero no con tanta frecuencia *suficientes* para restaurar o mantener el bienestar, y, pareciera, incluso contraproducente si no se combinan con otros "ingredientes" necesarios.[20] Esto nos lleva de regreso a Baxter y a Burch. ¿Qué ofrece cada uno en términos de diagnóstico e "ingredientes" de prescripción que pueda hacerles falta a los enfoques actuales de la medicina moderna en general, pero también a la consejería psicológica y pastoral? Quiero mencionar que Baxter y Burch, desde eras, trasfondos y orientaciones filosóficas muy diferentes, cada uno tenía un entendimiento unificado y complejo del individuo en términos tanto de naturaleza humana general como de atributos familiares, culturales y espirituales específicos. Hoy día, podríamos usar términos como *fortaleza* y *debilidad*, *vulnerabilidad* y *resiliencia*, *diátesis* y *factores protectores*, *influencias positivas y negativas*, etcétera. Y cada hombre sabía cuando un poco de información era suficiente para permitir la desestimación cauta de la vasta información oculta tras las preguntas no formuladas. Una herida de bala requiere acción inmediata y exige un juego de preguntas relativamente restringido, las respuestas a dichas preguntas podrían

---

19. "Justo la dosis correcta" fue la respuesta del Dr. Burch ante los intentos ansiosos de sus estudiantes de medicina para calcular una cantidad de insulina demasiado precisa para un paciente en particular en respuesta a la consulta de Burch, "¿cuánta insulina necesita un paciente?". Él deseaba verbalizar que la "dosis correcta" dependía altamente de quién estaba siendo tratado y que no podía expresarse de manera adecuada simplemente en unidades de insulina, basándose solo en los niveles de glucosa en la sangre del paciente en un momento arbitrario. Es decir, él exigió que el paciente fuera evaluado como una persona única, y no reducirlo a un conjunto de valores de laboratorio. Este comentario y muchos más fueron documentados en *The Quotations of Chairman George*, publicado informalmente por la Escuela de Medicina de la Universidad Tulane, promoción 1974 en agradecimiento por la influencia del Dr. Burch.

20. Hay casos en los cuales "simples" medicamentos parecen ser suficientes para funcionar como magia tan completos y absolutos que obvian la necesidad de intervenciones alternativas. Sin embargo, estas situaciones son raras, y la noción que un medicamento básico puede prescribirse a falta de un tipo de estímulo y apoyo de relación necesaria paciente-doctor para su uso apropiado es risible. Aunque es difícil medir, el *contexto* en el cual se prescribe y se toma un medicamento es probablemente tan importante como la farmacología pura del medicamento en sí.

estar solamente disponibles desde un acercamiento técnico (ejemplo: quirúrgico) al cuidado de una víctima de trauma inconsciente y sola. ¡Sería absurdo posponer la cirugía de trauma de emergencia para obtener una historia social detallada! Sin embargo, prevenir un próximo incidente podría muy bien implicar obtener dicha historia de un paciente estable y eventualmente atento.

Baxter, en este sentido, entiende las prioridades críticas en el cuidado del alma. Él capta, por ejemplo, que la amenaza de suicidio es un tema de tal urgencia que *tiene* que ser interrumpido, si fuera posible, y que el individuo sea protegido de la autodestrucción. La lógica es el fuerte del pensamiento y vivencia de los puritanos, y Baxter hace buen uso de ella. Él entiende y explica la causa y efecto, distingue las condiciones primarias de las complicaciones secundarias, y se halla aparentemente cómodo con un grado de complejidad que podría abrumar a muchos de nosotros en el siglo XXI.

¿De dónde esta sabiduría?

¿Cuáles son los componentes de la sabiduría de Baxter? ¿Dónde pueden ser localizados?[21] Dicho de manera sencilla, pueden hallarse en la teología puritana que Baxter y sus colegas predicaban y practicaban. Y los resultados de la aplicación de la teología individual y disciplinada proceden lógicamente de predicarla. No muchos pastores puritanos respetables se atreverían a predicar mucho más allá, si acaso, de su propia experiencia y alguna medida de éxito en implementar el consejo que ellos ofrecían públicamente a los demás. Por lo tanto, no solo puede asumirse que los enfoques pastorales y clínicos de Baxter están rigurosamente basados en una teología afianzada y una filosofía metafísica; lo cual también es evidente que tanto la experiencia profesional como la personal dirigieron su consejo escrito.

---

21. Cf. Job 28:12: "Mas ¿dónde se hallará la sabiduría? ¿Dónde está el lugar de la inteligencia?". Job da la respuesta de Dios: "He aquí que el temor del Señor es la sabiduría, y el apartarse del mal, la inteligencia".

Uno está acostumbrado a preguntar, ¿de dónde obtuvo este hombre tal sabiduría? Para Baxter, la respuesta no es fácil. Él era prolífico en registrar detalladamente lo que era sabiduría convencional entre sus compañeros pastorales. Pero dónde obtuvo estos elementos de su sabiduría que nosotros aseguramos que son duraderos y relevantes en el siglo XXI? Parte de la respuesta es que los expertos y practicantes, por igual, en el siglo XVII prestaban e intercambiaban ideas libremente. Estas ideas eran raramente atribuidas a sus fuentes originales, con notables excepciones.

Como uno podría esperar, el consejo práctico de Baxter es intrínseca y profundamente bíblico, y esto se refleja en las referencias, tanto explícitas como implícitas, a pasajes bíblicos y a la teología profundamente calvinista común en los puritanos. Cuando se refiere a un pasaje particular, Baxter podría proveer una referencia, pero con igual frecuencia, él asume un grado de familiaridad bíblica que es rara hoy día, aunque extendido en sus círculos regulares. Él podría muy bien utilizar la práctica rabínica histórica de citar un simple fragmento de un pasaje largo, donde intentaba que el fragmento sirviera como un resumen del todo (y así lo entendían sus lectores).

Un precedente antiguo sería las múltiples veces que Jesús hacía referencia a fragmentos de versículos del Antiguo Testamento, muchas veces de los Salmos, los que sus oyentes sabían que representaban al texto más largo, y lo que sería por consiguiente entendido en el contexto de todo ese pasaje, pero que en gran parte no había sido mencionado. Un ejemplo más reciente es la novela *Moby-Dick*: o, *The Whale*. Aunque uno puede leer la novela y disfrutarla hasta cierto punto, incluso si no conoce las escrituras del Antiguo Testamento, es imposible, así me lo advirtieron,[22] captar las múltiples referencias escriturales anidadas que Melville, *que*

---

22. Comunicación en el aula del Rev. Graham Hales, *"Introduction to Religion"* (University of Southern Mississippi, 1976). Aunque atrasada, mi propia lectura posterior de este clásico norteamericano confirmó con creces la afirmación de mi profesor.

no era cristiano, utilizó en su famosa novela estadounidense a menos que uno esté empapado del Antiguo Testamento. Melville espera un alto grado de conocimiento bíblico de parte de sus lectores, un expectativa razonable para su época.

Baxter asume una familiaridad similar con los textos bíblicos y las formas teológicas. Sus notas al pie de página son pocas. Pero la teología, o sistema de pensamiento, desarrollada y abrazada por los puritanos es mucho más grande que una base estrechamente bíblica. Aunque la Biblia es la base absoluta, examinada cuidadosamente, para la fe y la vida entre Baxter y sus muchos colegas, en términos prácticos él y ellos prestaron ampliamente de muchas fuentes, y usaron principios de lógica aristotélica, las cuales adaptaron a la teología cristiana.

Lo que hace que la obra de Baxter sea muy duradera y persuasiva es la teología cristiana, articulada profunda y cuidadosamente, aunada con su adaptación de la filosofía moral estoica. Los puritanos tomaron descaradamente lo que pudieron de una variedad de fuentes, sosteniendo que toda verdad provenía finalmente de Dios, y que tal verdad, como fue revelada a los paganos antiguos a través de revelación general podría ser legítimamente reciclada, con cuidado, y aplicada en un contexto explícitamente cristiano.

Lo que emerge del material de Baxter es una mezcla curiosa y persuasiva de doctrinas cristianas sólidas y principios médicos generales y holísticos, aplicando conceptos estoicos reestructurados a esas doctrinas y principios, y formulados como indiscutiblemente lógicos. El uso que Baxter hace de la lógica era característica del clérigo altamente educado de su época. Los estoicos tenían muchas ideas que eran antiéticas para la creencia y práctica cristiana, tales como el suicidio;[23] eso no les impidió a los puritanos que apreciaran esos elementos de la filosofía de los

---

23. Epicteto alude claramente al suicidio, por ejemplo, como una forma aceptable, aunque lamentable, para escapar del intratable dilema moral. Ver *The Teaching of Epictetus Being the "Enchiridion of Epictetus,"* con Selecciones de "Tesis" y "Fragmentos", disponible como libro gratuito en Amazon Kindle.

estoicos, los cuales eran generales y adaptables al pensamiento cristiano. Específicamente, las creencias y prácticas lógicas articuladas muy cuidadosamente por los estoicos eran readaptadas, como decimos ahora, por Baxter y los de su clase, con ejemplos mordaces en el material a seguir.[24]

Para Baxter (y sus contemporáneos) la lógica era un ejercicio práctico mucho más avanzado que la *Lógica uno a uno* que algunos de nosotros pudimos haber encontrado en la universidad y, luego, la olvidamos. La creencia y el comportamiento estaban intrínsecamente ligadas para Baxter, así como también para los estoicos. Lo que uno creía determinaba lo que pensaba sobre los asuntos y predeterminaban la manera en que respondería a las opciones posibles a lo largo del sendero de la vida. Las creencias distorsionadas llevarían inevitablemente a interpretar las circunstancias de manera equivocada y, por lo tanto, a las decisiones erróneas y al comportamiento inmoral.

Baxter se esfuerza por usar la lógica para criticar, desafiar, consolar y persuadir a sus lectores. Aunque él no les dice explícitamente lo que hace, ni siquiera el porqué, no tiene reparo en arrinconarlos con sus interrogatorios y, luego, preguntarles qué quieren hacer después. Él disfruta reducir un problema aparentemente intrincado a una elección binaria. Y su razonamiento es firme tanto teológica como lógicamente. Al igual que sus contemporáneos, él no percibe necesidad alguna de darle crédito a alguien con las ideas que prestaba de otros (por ejemplo: Epicteto) y las adaptaba para sus propósitos., El tipo de atribuciones y citas obsesivas que uno espera encontrar hoy día en las obras cultas no era muy común en los días de Baxter ni a lo largo de la historia, sino hasta recientemente. No solo no había leyes de derechos de autor, sino que la noción de la propiedad patentada de material puesto a la

---

24. La influencia afirmada de la filosofía estoica en la mente puritana está ampliamente indocumentada y representa un área fértil de investigación (J. I. Packer, comunicación personal con M. S. Lundy, 25 de mayo, 2016).

disposición del público como parte de las obligaciones de uno parece haber estado ausente. Así que Baxter, formalmente equipado aunque en gran parte autodidacta en lógica, así como también, en hebreo, griego y latín, se sentía perfectamente cómodo con utilizar ese entrenamiento. Era sencillamente correcto y práctico.

Irónicamente, el acercamiento de Baxter a lo que etiquetaríamos como depresión, ansiedad o psicosis ha pasado desapercibido y, por lo tanto, sin crédito por parte de los clínicos del siglo XX y XXI quienes han usado acercamientos similares desde una perspectiva secular. Lo que Baxter utilizó fue un precursor claro de lo que ahora llamamos Terapia Cognitivo Conductual (TCC). Su versión de TCC se consideraba rudimentaria y altamente personalizada para su población clínica relativamente homogénea. Aun así, todavía debe reconocérsele como precursora de una herramienta muy poderosa y altamente respetada para lidiar con muchos problemas clínicos que de otra manera serían intratables, particularmente aquellos de naturaleza severa y crónica, incluyendo los mencionados anteriormente.

Baxter empieza por aconsejar a sus lectores a enderezar su propia teología, continúa diciéndoles cómo hacerlo de manera práctica usando su propio antecedente de TCC, y se asegura de que sus lectores entiendan que sus problemas tienen dimensiones somáticas, así como también, emocionales y espirituales. Luego, concluye diciéndoles a sus lectores que confíen en sus médicos y que ¡tomen sus medicamentos! Describir esto como una confluencia de creencia, conducta y medicina simplifica sobremanera el acercamiento de Baxter; sin embargo, es una buena sinopsis para quienes están dispuestos a explorar el tipo de consejo que él provee gratuitamente.

Ayuda para los lastimados emocionalmente

Sin intención de faltarles al respeto a todos los libros de superación personal, que sí son útiles (cuando son conservadores y de cobertura limitada): este *no* es un libro de superación personal en el sentido convencional,[25] aunque ciertamente tiene la intención de ser útil. Baxter escribe desde esa perspectiva y recomienda a sus lectores primero al cuidado de su fiel Salvador, Jesucristo, y luego, al cuidado de sus fieles amigos y familia, junto con los médicos "familiares"[26]. Entonces, para quienes leen el consejo de Baxter —provisto aquí en un lenguaje más accesible a nuestras sensibilidades literarias del presente— yo les recomiendo lo mismo.

Si el consejo de Baxter se lee, e incluso se pone en práctica sin aceptar profundamente un entendimiento de la fe cristiana que, según él, se halla presente en la mayoría de sus lectores, entonces sería inadmisible culpar a Baxter por el fracaso de su buen consejo. En vista de que Baxter es un guía muy inglés y estamos tratando él, si fuera políticamente incorrecto —tanto en aquel entonces, como ahora, real y metafóricamente— puede justificarse un aforismo inglés. Se ha dicho que la Batalla de *Waterloo* se ganó en los campos de Eton, una afirmación con mucho bagaje, pero quizá un punto real.[27] Las formulaciones de Baxter, sus diagnósticos (en el sentido general) y su consejo no puede ni ser entendidos ni apropiadamente aplicados sin una alineación aceptable con las creencias teológicas de Baxter. Es decir, no espere ganar

---

25. El irreverente y graciosísimo libro de Walker Percy, *Lost in the Cosmos—The Last Self-Help Book* (New York: Farrar, Straus & Giroux, 1983) ridiculiza la idea de autoayuda haciendo referencia a la oferta de ayuda genuina de la mejor manera disponible en las propias palabras y estilo del Dr. Percy.

26. Lo que Baxter parece tener en mente es al médico de familia, quien ha tratado a la familia bien y fielmente durante varias generaciones, y además está familiarizado con el paciente y sus circunstancias. Baxter habría *conocido* a dichos médicos durante su crianza en la Inglaterra rural, y los habría imitado durante los años cuando hizo prácticas en medicina en la parroquia de Kidderminster.

27. Matthew Arnold comenta: "el viejo bárbaro [por ejemplo, un miembro de la clase alta inglesa] murmurará, sobre esto, su historia de cómo la batalla de Waterloo se ganó en los campos de Eton. ¡Qué pena! Se prepararon desastres en esos campos así como victorias; desastres debido a la capacitación mental inadecuada—la ausencia de conocimiento, inteligencia, lucidez" ("Cita errónea: 'la batalla de Waterloo se ganó en los campos de Eton'", *Oxford Academic*, 8 de agosto, 2013, http:// oupacademic .tumblr .com /post /57740288322 / misquotation -the -battle -of -waterloo -was -won-on).

la batalla si no ha invertido esfuerzo alguno en el trabajo de preparación. Aun así, todavía será una lucha difícil e incierta. Y la falta de preparación podría ser la planificación para el desastre.

Baxter asume que sus lectores tienen una orientación básicamente cristiana, y se dirige a ellos como teológicamente reformados y bíblicamente fundamentados. Él no requiere que sus lectores sean teólogos capacitados, pero sí espera que sean receptivos a los conceptos teológicos que él usa para argumentar y proveer instrucciones.

Baxter cree en un Dios amoroso y generoso, pero duda de que sus lectores aprecien adecuadamente *cuán* bueno realmente es Dios. Baxter aborda a algunos de sus lectores como que ellos dudan de la bondad de Dios o de su propia capacidad para beneficiarse de ella (lo cual es una duda de la grandeza de Dios). Él ataca vigorosamente estas y otras áreas de incredulidad.

Sin embargo, el mismo Baxter es bueno y generoso con aquellos que están débiles y son incapaces de pensar clara o racionalmente, o que no pueden pensar del todo.[28] A estos los encomienda no a medicamentos extendidos o complejos, oraciones prolongadas, ayuno, ascetismo estricto, o cosas parecidas, sino al cuidado de sus amigos y su familia; él limita expresamente los esfuerzos de dichos pacientes para hacer lo que no pueden hacer por su discapacidad.

La apreciación de Baxter de que una capacidad disminuida reduce la culpabilidad es, yo creo, consistente con los precedentes legales ingleses del derecho consuetudinario de la época, lo cual continúa siendo válido hoy en día. Sin embargo, él no permite que una inhabilidad *particular* dé licencia a una falta de voluntad *general* ni excusa a sus lectores por dejar de hacer lo que *deberían* o *podrían*. Aquí, la parábola de los talentos viene a la mente:

---

28. Hebreos 5:1: "Porque todo sumo sacerdote tomado de entre los hombres es constituido a favor de los hombres en lo que a Dios se refiere, para que presente ofrendas y sacrificios por los pecados". Baxter claramente está modelando sus propias actitudes por el ejemplo de sumo sacerdote.

tener pocos recursos podría reducir las exigencias para nuestro desempeño sin eliminar el requerimiento de que descarguemos diligentemente nuestras responsabilidades según *podamos*.[29]

Entonces, ¿Qué ventaja tiene leer a Baxter si estamos insuficientemente fundamentados en la Biblia y en la teología reformada (teología bíblica) lo cual él asume? De mucho, en todas maneras.[30] Para el lector cristiano, del cual se piensa que sería quien más posiblemente elegiría esta obra, hay un aliento de consejo, que puede encontrarse en Baxter, y que es aplicable a una gran gama de sofisticación bíblica y teológica. Para el instruido, mucho resonará. Para aquellos con un conocimiento menos amplio, Baxter demuestra estar interesado en desafiar y enseñar, como en asumir un acuerdo o una comprensión total. En general, Baxter ve parte de su obra, tanto para los sofisticados como también para los lectores menos informados, atrayéndolos a un diálogo y luego, identificando y desafiando los conceptos erróneos, y, después, ayudando a trazar una dirección nueva con base a las conjeturas corregidas. Él es más directivo de lo que permitirían algunos practicantes del TCC modernos, pero ese es su estilo y carga como pastor. Él no se avergüenza de compartir lo que sabe y cree ni de usarlo para formar las expectativas de los demás sobre sí mismos.

El riesgo de la culpa aislante

Crecí espiritualmente en una época cuando la noción misma de enfermedad mental tendía a ser vista con sospecha en algunos círculos religiosos. Cualquier duda que tuviera sobre que enfermedad mental fuera un padecimiento del cerebro fue confrontada por la realidad convincente durante mi formación médica. En todo caso, mis dudas pueden haber estado inclinadas hacia una

---

29. Uno de mis pastores anteriores y de mis maestros favoritos, Mark E. Ross (MDiv, PhD), le gustaba decir, con respecto al entendimiento teológico: "No permitan que lo que *no saben* los confunda con lo que *sí saben*". En consecuencia, no debemos permitir que lo que *no hacemos* se antepongan en el camino de las cosas que *podemos* hacer.

30. Prestar la frase de Pablo de Romanos 3:2.

convicción de que dichas condiciones representaban solamente padecimientos del cerebro y no del alma. Habiendo tenido una serie de enfrentamientos con la realidad durante mi formación, investigación y práctica, ahora me imagino que tengo una visión más matizada de dichos temas. Básicamente, pienso conocer más que antes, pero mucho menos de lo que una vez pensé que sabía. La vida, la muerte, el gozo, la tristeza, el sufrimiento y la enfermedad han comprobado individualmente ser mucho más complicados de lo que una vez creí.

Una de las razones por las que aprecio tanto a Baxter es que él vivió y escribió en una época cuando tales complejidades eran evidentes, sin excepciones, para todos diariamente. Aunque algunos vivían en ese entonces tanto como nosotros ahora, en promedio no la mayoría. Las enfermedades, el sufrimiento y la muerte prematura eran comunes y no podían eliminarse por medio de ningún remedio disponible. Sin duda, los tratamientos con la cura del alma existían y se pensaba que ofrecían los resultados más esperanzadores, pero se reconocía que cumplirían solo parcialmente su objetivo en esta vida. Los esfuerzos de nuestra sociedad para cambiar esta situación erradicando las manifestaciones visibles de la enfermedad, el sufrimiento e incluso la inconformidad, aunque cumplieran con el éxito técnico, no se puede decir que todos terminaban bien. La erradicación de la viruela y el prospecto de hacer lo mismo por la polio son beneficios indiscutibles. La incidencia en descenso del nacimiento con síndrome de Down, al menos en el occidente, y la creciente disparidad en nacimientos femeninos vs. masculinos en el oriente representan abusos de la tecnología y conllevan costos morales espantosos. Sin embargo, nuestros esfuerzos, gastos e incluso concesiones morales no pueden quitarle a nuestro mundo muchas de las aflicciones comunes para todos nosotros.

Mientras tanto, la negación sigue siendo el mecanismo más popular y, cuando es utilizado apropiadamente, el más efectivo a corto plazo para lidiar, o mejor dicho, *no* lidiar, con problemas personales serios, incluyendo enfermedades intratables. Tal como se aplicaba a los trastornos psiquiátricos, el círculo un tanto estrecho en el que yo vivía cuando era joven (y aún más joven como cristiano) apoyaba una forma de negación con afirmaciones peculiares. Específicamente, se negaba la enfermedad mental como tal, mientras que las manifestaciones innegables de esta se atribuían regularmente al pecado o a la obra directa del diablo y sus secuaces (ejemplo: demonios). Sin embargo, el diagnóstico equivocado lleva al tratamiento equivocado, y eso a un conjunto de problemas en cascada, y lo siguiente es un ejemplo de ello.

Por un lado, si los síntomas y la conducta de alguien se atribuyen equivocadamente a tendencias voluntarias y pecaminosas y a decisiones que la persona podría resistir, se cumplen dos propósitos falsos. Primero, se absuelve a la comunidad observante de la responsabilidad de acompañar al individuo a manera de apoyo, y puede servir para permitirle a la comunidad (por ejemplo, la iglesia) que presione en "buena fe" al miembro atribulado hasta que se haya "arrepentido" o "se vuelva serio" en su fe. Segundo, si el individuo cree en esta formulación, se halla en una atadura terrible. Se le insta al arrepentimiento de sus muchos pecados obvios y secretos con la promesa de que, si lo hace, recibirá el alivio de sus síntomas. En muchos casos, el sufriente sí acepta, al menos al principio, la premisa[31] e intenta un arrepentimiento introspectivo con la expectativa de liberar al alma del tormento. Si esto fracasa en proveer alivio y cuando eso suceda, entonces la persona intenta arrepentirse de pecados imaginarios que ni ella ni nadie más pueden identificar.[32]

---

31. —una acción a la cual los amigos de Job lo instaban repetidamente, pero que él se rehusaba sabia y correctamente a tomar.

32. Dr. Packer comparte una historia fascinante de su propia lucha casi desastrosa con esta clase de consejo bien intencionado, pero malo, en su memoria de su investigación para "verdadera consagración". Es notable que él encontró liberación de la mala teología cuando descubrió a los puritanos y a la sólida teología de ellos. Ver la introducción de J. I. Packer, *On Temptation and the Mortification of Sin in Believers*, por John Owen (Vancouver: Regent College Publishing, 2014), i. Sería justo decir que los amigos de Job ofrecieron un consejo similar a los primeros asociados cristianos del Dr. Packer.

Si los síntomas que la persona experimenta son, de hecho, las consecuencias directas del pecado permanente y presente, entonces, está perfecto. En tales casos, el diagnóstico y el tratamiento corresponden a la realidad, y puede esperarse un progreso inmediato, sostenido y evidente.

Sin embargo, en casos de depresión clínica, trastorno bipolar, ansiedad severa evidente que sea psicológicamente conducida, o la psicosis, el arrepentimiento podría ser igualmente necesario, ¿quién puede decir "soy libre de pecado"?[33], pero ineficaz en tratar los síntomas. Aquí, uno recuerda a los discípulos de Jesús, quienes al ver al hombre que nació ciego, preguntaron, "Rabí, ¿quién pecó, este hombre o sus padres, para que haya nacido ciego?"[34]. Claramente, ellos asumieron que su condición era culpa de alguien, y se daba por sentado que esa culpa era de alguien muy cercano, con solo dos posibilidades: él o *sus padres* habían hecho algo que merecía esto. Ahora bien, nosotros sabemos eso, al menos según el comentario de Pablo sobre Jacob y Esaú, quienes antes de nacer fueron declarados inocentes, no habiendo hecho nada bueno ni malo[35], la ceguera de este hombre en particular no pudo haber sido el resultado de un pecado cometido antes de nacer. Y ya que él había *nacido* ciego, es difícil atribuirle su ceguera de nacimiento a un pecado que él fuera a cometer como adulto. Sin entrar a la teoría de esto, Jesús descartó sencillamente *ambas* opciones presentadas por los discípulos. "Ninguno", es la respuesta sorprendente de Jesús, no queriendo decir que ninguno pecó, ya que sabemos que "todos pecaron",[36] sino más bien que *el pecado de ninguno era directamente responsable por el sufrimiento específico que el hombre estaba padeciendo.*

¿Era el hombre ciego libre de pecado? Definitivamente, no; y Jesús, en otra parte, extiende el perdón del pecado de un hombre

---
33. Cf. Prov. 20:9.
34. Juan 9:2.
35. Romanos 9:11: "... pues no habían aún nacido, ni habían hecho aún ni bien ni mal."
36. Romanos 3:23.

antes de sanar su cuerpo. Ese orden, como lo registra Mateo,[37] no comprueba una casualidad lógica entre un pecado en particular o un patrón de conducta pecaminosa y una enfermedad específica, sino más bien reconoce la naturaleza del pecado y su papel en la condición general de la humanidad.

Cuando Jesús preguntó: "¿Qué es más fácil, decir: 'Los pecados te son perdonados', o decir: 'Levántate y anda'?",[38] Él demuestra que nuestra necesidad más apremiante es el *perdón*. Y, en contraste, la pronunciación eficaz de la absolución del pecado es mucho más difícil incluso que restaurarles la vista a los ciegos.[39] Sin embargo, Jesús mantiene la conexión entre el pecado y la enfermedad sin permitir el tipo de deducciones superfluas tan populares en su época y en la nuestra. De hecho, en un lugar distinto, después de sanar al hombre del estanque de Betesda, Jesús le da un consejo preventivo: "no peques más, para que no te venga alguna cosa peor".[40] Entonces, todo este asunto del pecado y la enfermedad debería producir una gran humildad. Deberíamos ser muy renuentes, ya sea en culpar la enfermedad de otros sobre su pecado en particular o en considerarlos totalmente inocentes, cuando no tenemos el tipo de visión adjudicada a Cristo.

Evaluar las causas con humildad y compasión

Entonces, ¿son las enfermedades psiquiátricas el resultado del pecado? ¿Se debe culpar a los individuos, o ellos no son responsables de su destino? Volviendo a los pronunciamientos propios de

---

37. Mateo 9:2: "Y sucedió que le trajeron un paralítico, tendido sobre una cama; y al ver Jesús la fe de ellos, dijo al paralítico: Ten ánimo, hijo; tus pecados te son perdonados".

38. Mateo 9:5.

39. Crisóstomo (como citado por Aquino, *Summa theologica* III, q. 44, art. 3, ad. 3) dice en cuanto a Mateo 9:5: "Por la cantidad que el alma es de más valor que el cuerpo, por esa misma cantidad es el perdón de pecados una obra más grande que la sanidad del cuerpo; pero debido a que uno de ellos es invisible, Él hace el menor de ellos y lo que más se manifiesta para probar la mayor y más invisible". Entonces, razonando de lo menor a lo mayor, la pregunta de Jesús se autorresponde. Ninguno se molestó en preguntar: "¿Quién puede sanar la *enfermedad* sino solo Dios? apoya este punto de vista.

40. Juan 5:14.

Jesús y a aquellas explicaciones que encontramos en otras partes de la Escritura, hay conexiones entre el pecado y la enfermedad, pero muchas veces tendemos a ver solo ciertas capas de esas conexiones. Es cierto que los principios mostrados en el libro de Proverbios y en otras partes de la Biblia sugieren que vivir rectamente, *hablando en términos generales*, podríamos decir que nos lleva a una existencia menos complicada que si ignoráramos esos preceptos. Es igual de cierto que muchos de los lamentos y peticiones en la Biblia se refieren a las *excepciones* aparentes de esos principios generales. Los impíos prosperan[41] y los inocentes son barridos por razones que, sin la luz de revelación especial, son desconcertantes y aún perturbadoras incluso bajo esa luz.[42]

Por lo tanto, se nos aconseja lidiar con la complejidad.[43] Deberíamos estar más abiertos a una variedad de respuestas y refrenarnos de restringir nuestras preguntas a aquellos que requieren respuestas binarias preestablecidas: "¿Es lícito dar tributo a César, o no?".[44] "¿Quién pecó, este hombre o sus padres?".[45] Para esta última pregunta, podemos estar seguros de que tanto ese hombre como sus padres pecaron, al igual que Job. En esos ejemplos específicos, podemos estar igualmente seguros de que su pecado *no* era directamente responsable del sufrimiento que les sobrevino. Estamos seguros en esos casos, y no en otros, debido a la revelación directa de Dios mismo: "No es que pecó este, ni sus padres, sino para que las obras de Dios se manifiesten en él".[46] Y en el caso de Job, fue su *justicia* la que le trajo sufrimiento, tal como lo aclara la introducción del libro.[47]

---

41. Salmo 73
42. Isaías 57:1–2: "Perece el justo, y no hay quien piense en ello; y los piadosos mueren, y no hay quien entienda que de delante de la aflicción es quitado el justo. Entrará en la paz; descansarán en sus lechos todos los que andan delante de Dios".
43. Eclesiastés 7:18: "Bueno es que tomes esto, y también de aquello no apartes tu mano; porque aquel que a Dios teme, saldrá bien en todo".
44. Mateo 22:17
45. Juan 9:2
46. Juan 9:3
47. Job 1:8: "Y Jehová dijo a Satanás: ¿No has considerado a mi siervo Job, que no hay otro como él en la tierra, varón perfecto y recto, temeroso de Dios y apartado del mal?".

Es raro que encontremos una desaprobación tan directa e inequívoca de cualquier conexión entre un pecado específico y un sufrimiento horrible. Es menos raro, pero todavía poco común, que se den vínculos específicos entre pecados y enfermedades particulares. La lepra de Miriam, el brazo seco del rey, la muerte de un bebé debido al pecado de los padres, estos y otros son ejemplos dados en la Biblia.[48] Sin embargo, en la mayor parte, nos queda la sensación mucho más general de que la enfermedad y el sufrimiento en el mundo están distribuidos en maneras que desafían nuestra comprensión. Si alguna vez imaginamos haber descubierto la economía de Dios, es útil considerar la "recompensa" infligida a un niño, quien *sí* halla favor ante los ojos de Dios: él muere *porque tiene el favor de Dios* y ¡*debido a la bondad de Dios*![49] En términos humanos, muchas veces es la crueldad deliberada de una persona o un grupo lo que causa un sufrimiento incalculable para otros. Una persona peca, muchos otros (relativamente) inocentes sufren. Seguramente, cuando enfrentamos el sufrimiento de los individuos, hacemos bien en evitar afirmar confiadamente las causas y señalar culpa personal, *la mayor parte del tiempo*. Del mismo modo, deberíamos estar renuentes a extender una absolución superficial que podría ser tanto desacertada como fuera de lugar. No somos responsables de nuestra genética. Por otro lado, algunas condiciones genéticas están tan codificadas que simplemente poseer un gen en particular es el destino. La enfermedad de Huntington (EH) es solo un ejemplo. Por otro lado, otras propensiones genéricas son mejor vistas, de manera menos fatalista. Gran parte de la lucha en la práctica de la medicina implica la tensión entre la tendencia hacia ciertas enfermedades y las propensiones personales que podrían llevar a la activación de genes latentes y a expresiones de enfermedad o, a la inversa, podrían retrasar o hasta prevenir la enfermedad, o por lo menos provocar la remisión.

---

48. Números 12; 1 Reyes 13.
49. 1 Reyes 14 cuenta la historia.

La determinación de la causalidad no debería convertirse en un objetivo en sí. La causalidad misma podría estar oscurecida por otros factores que alimentan y agravan los síntomas. Para citar un ejemplo: El insomnio crónico puede tener un inicio y una causa muy específicas e identificables. Sin embargo, con el paso del tiempo, la causa tiende a desvanecerse en la memoria, ya sea de manera natural o (en el caso de un trauma de combate, por ejemplo) debido a que la memoria está dispuesta o, por el contrario, reprimida. Los patrones de pensamiento que ayudan en la represión de dichos recuerdos, incluyendo la hipervigilancia, la invalidación, la elusión y el adormecimiento emocional, puede volverse habitual y durar más que cualquier supresión deliberada o involuntaria, o el recuerdo de esas memorias durante décadas.

En tales situaciones, el insomnio parecería ser primario (por ejemplo: sin causa evidente), aunque sí tiene una causa muy específica. Los efectos colaterales del insomnio crónico (fatiga, irritabilidad, mala concentración, la expectativa y el temor de no poder dormir) solamente sirven para prolongar y agravar el insomnio. Cuando, después de algún esfuerzo, se identifica la causa putativa (y esto no es tan común como uno quisiera), este hallazgo no resuelve mágicamente el insomnio, en el sentido de que este ha adquirido aparentemente una vida propia, con una constelación de otros síntomas que confunden las cosas. Si algo, con una cronología clara y causalidad convincente como esto puede ser muy complicado de resolverse y de tratar ¿cuánto más lo son las condiciones en las que temas de voluntad y genética, culpa e inocencia, y aparente casualidad se unen? Repito, con relación a la causalidad y la responsabilidad inferida, la humildad es más útil que la arrogancia, y las recompensas de la primera son mucho más agradables en cualquier caso.

No puede enfatizarse demasiado que el sufrimiento está en todas partes y que, incluso, está garantizado para quienes buscan llevar una vida cristiana conscientemente,[50] al igual que está prometido para quienes ignoran a Dios y su bondad. Puede parecer que algunos escaparon de las dificultades, y puede parecer así a pesar de merecerlo sobradamente,[51] pero se nos asegura y lo sabemos por observación general, así como por la Escritura, que tal respiro es temporal.[52] Sin embargo, si el corrupto parece, por un tiempo, escapar de la justicia, y si, comparativamente, el inocente sufre, ¿cómo vamos a repartir la responsabilidad por el sufrimiento que encontramos en nuestra vida y en la de otros? *Muy cuidadosamente y con humildad y compasión.* La mayoría de nosotros sabe cómo es escapar de muchas consecuencias bien merecidas, así como también soportar tribulaciones no merecidas, lo que podría parecer como "sufrir los disparos penetrantes de la fortuna injusta".[53]

Mi propia experiencia, y sé que es igual para otros también, es que generalmente recibimos muchas más oportunidades de las que merecemos, mientras que todos conocemos a aquellos cuyas situaciones parecen contrarias. Tratar de descubrir el porqué es problemático, y a veces, insensato. Así que, si bien no podemos dejar de enfatizar que el sufrimiento viene sin pedirlo y en maneras bastante inesperadas y aparentemente inadecuadas, podemos tomar cierto alivio en saber que es la crisis de la humanidad. Tratar de explicarla en muy detalladamente o con un nivel de precisión que no está apoyado por la evidencia es presuntuoso, si no peligroso. Entonces, aquí quizás es mejor, al igual que Agustín, decir que no sabemos con más frecuencia de lo que quisiéramos, y que podríamos no entender tanto como nos imaginamos incluso si lo supiéramos.[54]

---

50. 2 Timoteo 3:12: "todos los que quieren vivir piadosamente en Cristo Jesús padecerán persecución"

51. Vea Salmo 73

52. 1 Timoteo 5:24-25: "Los pecados de algunos hombres se hacen patentes antes que ellos vengan a juicio, mas a otros se les descubren después. Asimismo se hacen manifiestas las buenas obras; y las que son de otra manera, no pueden permanecer ocultas."

53. William Shakespeare, *Hamlet*, acto 3, escena 1.

54. Agustín, *Confessions* 11.12.14: He aquí, yo respondí a quien pregunta: "¿Qué estaba haciendo Dios antes de hacer el cielo y la tierra?" Yo respondo, no como una cierta persona que reportó hacerlo de forma irónica (evitando la presión de la pregunta), "Él estaba

Incluso en una situación tan clara como el gen EH, sabiendo (como es ahora posible) que uno ha heredado el gen y está, por lo tanto, condenado a desarrollar demencia temprana y pérdida de funcionamiento, no excusa una aplicación fatalista de ese conocimiento. Para estar seguros, el principio de la enfermedad clínica en tal caso disminuirá tanto la capacidad como la responsabilidad. Sin embargo, antes de tal inicio, el individuo que será afectado todavía tiene una vida que vivir y decisiones libres que tomar. Y EH representa una de las relaciones causa-efecto más genéticamente absorbentes. ¿Qué hay de las condiciones que Baxter aborda?

Baxter asume repetidamente esta consideración expiativa de causa y efecto, la culpabilidad y la capacidad, el determinismo y la libertad, en la forma de consejo que da. Conocedor de la tensión entre causas y efectos unidos vagamente, él parece negarse a culpar a la gente por lo que *ellos no pueden evitar,* mientras que simultáneamente se rehúsa a exonerar a la gente de ciertas responsabilidades que *pueden y deben cumplir.* En el medio, él requiere que los amigos y la familia haga lo que no puede esperarse que hagan las almas enfermas por sí mismas; sin embargo, les exige lo que solamente ellas pueden hacer. Baxter es, al mismo tiempo, gentil y complicado, generoso y exigente.[55]

---

preparando el infierno", dijo él, "para aquellos que fisgonean los misterios". Una cosa es percibir y otra es reír, —estas cosas yo no respondo. Por propia voluntad yo habría respondido: "Yo sé lo que no sé", en lugar de hacerlo el hazmerreír quien preguntó cosas profundas, y ganar alabanza como quien respondió falsas cosas (*NPNF1*, vol. 1). Entonces no busquemos responder el problema del sufrimiento sino a reconocer su universalidad y decir: "No sabemos" porque se distribuye como es.

55. Un conjunto aparentemente contradictorio de amonestaciones en Gálatas 6:2-5 tiene sentido únicamente en este contexto de responsabilidad compartida e individual. Pablo dice: "Sobrellevad los unos las cargas de los otros, y cumplid así la ley de Cristo. Porque el que se cree ser algo, no siendo nada, a sí mismo se engaña. Así que, cada uno someta a prueba su propia obra, y entonces tendrá motivo de gloriarse sólo respecto de sí mismo, y no en otro; porque cada uno llevará su propia carga". Las primera y última oración se refieren, respectivamente, a las cargas abrumadoras y devastadoras que no pueden llevarse solas, y a las tareas individuales que ninguno puede llevar y descargarnos. No debemos confundir las dos. (Comunicación en el aula del Dr. Glenn C. Knecht [*Fourth Presbyterian Church*, Bethesda, MD, 2003]).

Como es común al hombre

Entonces, ¿cómo resumimos y seguimos dejando hablar a Baxter por sí mismo? A través de reconocer que los trastornos a los que él se refiere, como los que son evidentes hoy día, son tanto comunes como generalizados, y frecuentemente vistos con un enfoque demasiado estrecho. La depresión, el trastorno bipolar, la esquizofrenia y una cantidad de condiciones relacionadas y divergentes afectan tanto a los individuos más insensatos como a los más serios, a cristianos y no cristianos por igual. A los cristianos, Baxter no les ofrece respuestas fáciles, sino soluciones sencillas que, aunque implementarlas es un desafío, pueden dar paso a la muy conocida "ayuda en tiempo de necesidad".[56]

Baxter no ofrece panaceas; él aprecia el sufrimiento como algo intrínseco de esta vida. Sin embargo, rechaza la desesperación y les exige a sus lectores, pacientes y cuidadores por igual, un optimismo fundado en su visión de un Dios bueno y maravilloso, y apuntalado por su propio consejo muy práctico sobre cómo puede uno dar o recibir la ayuda que refleja el amor por Dios y su prójimo. Baxter no es ni simplista ni ingenuo, él es un hombre de convicción y asume que así son sus lectores también, o al menos, así quieren ser. Su consejo puede persuadirnos en dirección a las convicciones que nos anticipa al crédito.

Para de lo que me atrajo a la psiquiatría fue el reconocimiento, en retrospectiva, de compañeros creyentes que estaban sufriendo de una variedad de condiciones, que variaban desde la esquizofrenia hasta los trastornos de ansiedad. En aquel tiempo, esos individuos habían recibido consejería cristiana que, aunque bien intencionada, muchas veces estaba tan fuera de lugar que podía hacer daño.

Mi experiencia como estudiante de medicina en la unidad de admisión de un hospital universitario me dio una medida de

---
56. Prestar una frase de Hebreos 4:16.

optimismo (injustificado, según descubrí) de que los medicamentos podrían haber obrado casi maravillas para esas almas atormentadas, el simple recuerdo de eso me persigue. La experiencia posterior me dio una visión más realista, aún optimista, de lo que el tratamiento podía y no podía lograr. Baxter, a quien encontré más adelante en mi carrera de lo que habría deseado, nos ha provisto de una sabiduría práctica, ganada con esfuerzo. Él sabía bien lo que yo aún estoy aprendiendo.

La paciente del Dr. Burch podría haber sido perjudicialmente descartada como "histérica" o "psicosomática" si la historia médica se hubiera tomado antes y sin la compasión necesaria para entender lo que estaba realmente en riesgo. Y, claro está, años después me pregunto qué les sucedió realmente a esa madre y a sus hijos. El diagnóstico fue fácil; la cura, si llegó, podría no haber sido tan simple.

El enunciado de Tolstoi frecuentemente citado: "En las familias felices todos se parecen; cada familia infeliz es infeliz en su propia manera"[57] está, en mi opinión, fuera de lugar. Cuando las cosas se estropean, incluyendo los cerebros, hay una parecido reconocible y por lo tanto un patrón *diagnosticable* en esa situación. Eso no significa que la situación sea sencilla de describir o reparar. Un jarrón destruido, sin importar cuán hermoso era cuando estaba intacto, manifiesta una complejidad incrementada en su estado de entropía si uno está preocupado por repararlo en vez de desecharlo. Con seguridad, nosotros, como seres humanos, podemos ser muy complicados de reparar. Hay una similitud en la ruptura metafórica que uno ve en las vidas arruinadas, más notoriamente mostrada en los rostros y comportamientos de los indigentes a quienes nosotros muy cuidadosamente (¿e insensiblemente?) protegemos de un cuidado forzado.

Sin embargo, uno ve una semejanza predecible en miembros rectos y funcionales de la sociedad y en la iglesia cuando esas

---

57. Leo Tolstoy, *Anna Karenina*, trad. Constance Garnett (varias editoriales), cap. 1, línea 1.

vidas han sido alteradas por la depresión, la preocupación constante, la psicosis o la percepción distorsionada. La identificación del daño es más o menos sencilla, lo cual es una razón por la que creo que Tolstoi estaba equivocado. *La felicidad y la salud se manifiestan en una variedad mucho más grande y un definición de textura más* alta *en comparación a la enfermedad.* Planear cómo abordar el daño con una esperanza realista es más difícil. La urgencia por "el medicamento correcto" es igual de exagerada como lo han sido las formulaciones puramente psicológicas, o las puramente "espirituales". Es improbable que un optimismo ingenuo resista las dificultades del trabajo de reparación, y eso puede llevar a la desesperación. Una comprensión informada de lo que debe intentarse, y quizá, lograrse, posiciona mejor a los pacientes, a los médicos, a los pastores, a la familia y a los amigos para lo que, con frecuencia, demuestra ser "soportar hasta el fin".[58]

De nuevo, Baxter ha estado allí. Una parte de su consejo es para quienes están al punto de la desesperación, quienes deben regresarse. Otra parte es para aquellos que están muy cómodos con sus propias actitudes y, por lo tanto, no están motivados para lidiar con una situación sencillamente porque *aún no* es una crisis. Otro consejo es para aquellos espectadores involucrados —la familia y los amigos— quienes deben ser educados tanto sobre sus propias obligaciones con el paciente, como sobre los límites de dichas responsabilidades.

Esto es un asunto complicado. El conservacionismo filosófico, implícito en los sentimientos de Baxter, sugiere un conocimiento de esas dificultades. Siempre es más difícil mejorar una situación que empeorar las cosas. Aun así, él no nos permite una inactividad basada en el fatalismo, ni excusa una estado de indecisión paralizante. Hay cosas que deben decirse y hacerse, y aunque el resultado no está garantizado, la necesidad obliga una respuesta sensata y medida a pesar de la incertidumbre.

---

58. Mateo 10:22; 24:13.

Aunque quizás no sea necesario decirlo, aquí no quedará sin decirse: Este libro no está publicado como un manual de diagnóstico ni una guía de tratamiento. Su intención es informar y agrandar la perspectiva de los pacientes (y sus familias) y de los profesionales, tanto laicos como clérigos. Aquellos que simpatizan del consejo que Baxter ofrece deben tomar muy en serio sus palabras de apertura y cierre "Consejo para los cristianos deprimidos y ansiosos". Haciendo una paráfrasis: *vea la condición de su propia alma, y consulte con su propio pastor y con su propio médico, y ponga en práctica el consejo de ellos según convenga.*

Baxter es un amigo y acompañante fiel del paciente, pastor, amigo, familia y médico por igual. Él extiende una ayuda que, a veces, viene como una crítica concisa y mordaz (lo cual podría animarnos a ser así de directos cuando sea apropiado); otras veces, él rebosa de una cálida compasión que debería servir para suavizar nuestras propias tendencias a la severidad. Es mi esperanza sincera que Richard Baxter se convierta en un amigo para usted y los suyos, así como lo ha sido para mí.

PARTE 2

EL CONSEJO DE BAXTER SOBRE LA DEPRESIÓN

Capítulo 3

CONSEJO A LOS CRISTIANOS DEPRIMIDOS Y ANSIOSOS

Richard Baxter[1]

Los individuos ya propensos a la melancolía[2] frecuente y fácilmente son lanzados incluso más profundamente en ella a través de patrones de pensamiento indisciplinados o emociones fuera de control. El predicamento de estos individuos es tan triste que yo creo que es necesario dar algunos consejos específicos escritos especialmente para ellos.[3] Encuentro personas que no están familiarizadas con la naturaleza de esta y otras enfermedades, y que, por consiguiente, deshonran grandemente el nombre

---

1. Editado y actualizado por Michael S. Lundy, MD, del original de Baxter *"Directions to the Melancholy about Their Thoughts"* en A Christian Directory.

2. Baxter emplea el aún útil término *melancolía*. Su uso incluye un número bastante amplio de condiciones psiquiátricas que, hoy, son más precisas, pero no necesariamente están clasificadas con exactitud. *Melancolía*, como él la usa, incluye depresión, trastorno bipolar y trastornos psicóticos. Como concesión al lector moderno, emplearé el término *depresión* en algunas situaciones en donde Baxter usaba *melancolía*. El propósito de modernizar el idioma del Sr. Baxter es eliminar ciertas palabras que se han convertido en obscuras y reestructurar las oraciones para aquellos de nosotros que tenemos más dificultad en entender múltiples líneas de pensamiento que los poderosos puritanos.

3. Baxter ofrece más consejos en su sección de *A Christian Directory* tratando con desesperación resistente, a la cual él refiere al lector.

de Dios y llevan la profesión de la religión al desprecio. Lo hacen al atribuirle todo el comportamiento y las palabras de las personas melancólicas a las obras excelentes y excepcionales del Espíritu de Dios.[4] Luego, hacen conclusiones sobre los métodos y las obras de Dios sobre el alma, así como también, sobre la naturaleza de influencia que se le ha permitido ejercer al diablo. Otros, han publicado las profecías, posesiones (demoniacas) y los exorcismos de mujeres histéricas, especialmente escritos por los frailes.

No categorizo como melancólicos a quienes están racionalmente arrepentidos por el pecado, conscientes de su miseria y vigorosamente preocupados por su recuperación y salvación, incluso si es con una seriedad tan grande como la de los profesores, en tanto ellos tengan una razón firme y la imaginación, la fantasía ni el intelecto no estén torcidos o enfermos. Por *melancolía* quiero decir una locura enfermiza, dolor o error de la imaginación, y consecuentemente del entendimiento. Se conoce por medio de estas señales siguientes[5] (no todos suceden en cada caso individual de depresión).

1. Muchas veces sienten temor sin causa, o sin causa suficiente. Todo lo que escuchan o ven es capaz de incrementar sus temores, especialmente si el temor en sí fue el precipitante, y muchas veces lo es.

2. Su imaginación se equivoca más al exagerar su pecado, peligro o infelicidad. Cada pecadillo que mencionan con asombro, como si fuera un pecado atroz. Cada peligro posible lo toman como probable, y los probables por seguros, cada peligro pequeño por grande, y cada calamidad por una destrucción total.

---

4. Jonathan Edwards trata con esto definitivamente en *The Distinguishing Marks of a Work of the Spirit of God* (1741), incluido en *Jonathan Edwards on Revival* (Edinburgh: Banner of Truth, 1991)

5. Aquí Baxter está al día con los enfoques de diagnóstico modernos, los cuales enfatizan la presencia de algunos síntomas específicos, pero rara vez todos los posibles. Hay una amplia variación entre casos.

3. Son consumados por la tristeza excesiva: algunos lloran sin saber por qué e incluso piensan que, de alguna manera, es apropiado. Si llegaran a sonreír o a hablar animadamente, sus consciencias les reprochan por ello, como si hubieran hecho algo malo.

4. Sus sentimentalismos y prácticas religiosas enfatizan el duelo y el ascetismo.

5. Se acusan continuamente, trayendo todo tipo de cargos contra sí mismos, ya sean cosas que escucharon, leyeron, vieron o pensaron. Se cuestionan en todo lo que hacen, así como una persona polémica lo hace con otros.

6. Sienten constantemente que Dios los abandonó y son propensos a la desesperación. Son como un hombre en el desierto, abandonado por todos sus amigos y sus comodidades, abatidos y desconsolados. Su pensamiento continuo es: "¡Estoy acabado, acabado, acabado!".

7. Piensan que el momento de la gracia ha pasado y que ahora es demasiado tarde para arrepentirse o para hallar misericordia. Si les habla del tono del evangelio y su ofrecimiento de perdón gratuito para todo creyente penitente, ellos aún lamentan: "Muy tarde, muy tarde, mi oportunidad ha pasado", sin considerar que cada alma que se arrepiente verdaderamente en esta vida está ciertamente perdonada.

8. Muchas veces, son tentados a mirar solo los aspectos temerosos en la doctrina de la predestinación y, completamente fuera de contexto, los usan mal como base para la desesperación. Ellos razonan que si Dios los ha rechazado (o no los ha elegido), todo lo que ellos, o el mundo entero, haga no podrá salvarlos. Seguidamente, desarrollan una convicción fuerte de que ellos no están dentro de los elegidos y están, por consiguiente, una ayuda o esperanza pasada. No entienden que Dios no elige a nadie simplemente para ser salvo mientras pasa por alto los medios. Más bien, Él elige para que ellos crean, se arrepientan y, como

resultado, sean salvos. La elección aplica tanto al fin como a los medios. Todos los que arrepientan y elijan a Cristo y una vida santa son elegidos para la salvación, porque son elegidos para los medios y el estado de salvación. Si perseveran, disfrutarán de la salvación. Arrepentirse es la mejor manera de demostrar que uno es elegido.

9. Nunca leen ni escuchan algún ejemplo miserable sin identificarse con él. Si oyen de Caín, o de faraón, entregados a la dureza de corazón, o leen que algunos son vasos de ira, preparados para la destrucción o que tienen ojos y no ven, oídos y no oyen, corazón y no entienden, ellos piensan: "¡Todo eso se trata de mí!", o "Esta es justamente mi situación". Si oyen de cualquier ejemplo terrible de los juicios de Dios sobre alguien, o se quema una casa, o alguien está delirando o muere en la desesperación, ellos piensan que lo mismo les sucederá. La lectura del caso de Spira[6] provoca o intensifica la depresión en muchos. El escritor ignorante de este caso describió en realidad una depresión severa que sucedió por pecar contra la consciencia. Sin embargo, él describe el caso como si fuera una desesperación imperdonable surgiendo de un intelecto sobrio.

10. Al mismo tiempo, estas personas piensan que nadie ha compartido un problema similar. He visto muchos casos muy similares en el curso de unas pocas semanas. Aun así, cada uno dice que nadie más ha sido como ellos.[7]

11. Son totalmente incapaces de disfrutar algo. No pueden entender, creer o pensar en nada agradable. Leen todas las ame-

---

6. Ver Nathaniel Bacon, *The Fearefull Estate of Francis Spira* (London, 1638). Spira fue un brillante abogado italiano del siglo XVI quien, bajo presión de las autoridades católicas romanas, renunció a sus convicciones evangélicas y posteriormente se creyó condenado por su acción. Murió por una depresión melancólica severa.

7. Hay tal autopreocupación aquí que hay peligro de atribuirse a uno mismo el lamento de Lamentaciones 1:12: "Fíjense ustedes, los que pasan por el camino: ¿Acaso no les importa? ¿Dónde hay un sufrimiento como el mío, como el que el Señor me ha hecho padecer, como el que el Señor lanzó sobre mí en el día de su furor?". Esto ha sido interpretado (definitivamente por Handel) como una profecía mesiánica. En cualquier evento, la perspectiva depresiva distorsionada de la persona es capturada por tal comparación profana involuntaria.

nazas de la Palabra con una percepción y aplicación preparada. Sin embargo, leen las promesas una y otra vez sin notarlas, como si no las hubieran leído. O dicen: "No me pertenecen: mientras más grande sea la misericordia de Dios y las riquezas de la gracias, más miserable soy por no tener parte en ellas". Son como un hombre en dolor o enfermedad permanente, incapaz de regocijarse debido a la percatación de su dolor. Ven al esposo, la esposa, los amigos, los hijos, la casa, las posesiones y todo lo demás sin placer alguno, como quien va a ser ejecutado por alguna clase de crimen.

12. Su consciencia se apresura a hablarles del pecado y sugiere que los esfuerzos desmoralizadores son responsabilidades. Sin embargo, son ajenos a todas las responsabilidades que podrían llevar consuelo. En cuanto al agradecimiento por las misericordias, alabar a Dios, meditando en su amor y gracia, y en Cristo y sus promesas: indíquelas tan firmemente como quiera; ellos no ven estas como su responsabilidad, tampoco hacen esfuerzo consciente alguno para llevarlas a cabo. Más bien, piensan que estas son responsabilidades de otros, pero inadecuadas para ellos mismos.

13. Dicen siempre que no pueden creer, y por lo tanto, piensan que no pueden ser salvos. Esto se debe a que ellos malinterpretan generalmente la naturaleza de la fe. Consideran que la fe es la creencia que ellos mismos están perdonados y que están en el favor de Dios, y por consiguiente, deben ser salvos. Y debido a que no pueden creer esto, lo cual su enfermedad no les permitirá creer, piensan que no son creyentes. En contraste, la fe salvadora no es otra cosa sino la creencia de que el evangelio es cierto, y de que Cristo es el Salvador a quien le confiamos nuestra alma. Esta creencia nos hace consentir inmediatamente que Él es nuestro y que nosotros le pertenecemos, y, de este modo, estamos de acuerdo con el pacto de la gracia. Sin embargo, incluso cuando ellos están de acuerdo con lo mismo (y darían el mundo para estar

seguros de que Cristo es de ellos y no ser perfectamente santo), aun así ellos piensan que no creen porque no creen que Él los perdonará o salvará individualmente.

14. Están infelices y descontentos consigo mismos como una persona quejosa y obstinada está hacia los demás. Piense en alguien difícil de complacer, que encuentra errores en todo lo que ve o escucha, que se ofende con todos y que sospecha de todos a los que ve murmurando. Así es como una persona deprimida es hacía sí misma: desconfiada, descontenta y hallando defectos en todo.

15. Son adictos a la soledad y evitan la compañía en casi todo.

16. Se dan a las reflexiones fijas, y a los pensamientos observadores y largos que no sirven para nada. En consecuencia, la meditación y el pensamiento profundo son sus actividades principales y una gran parte de su enfermedad.

17. Son muy reacios a trabajar en sus llamados y tienden a la ociosidad, ya sea acostados en la cama o sentados solos, pensando de manera no beneficiosa.

18. Piensan más que nada en sí mismos: como piedras de molino que se muelen una a otra en ausencia de grano, así un pensamiento trae a otro. Sus pensamientos se *tratan* de sus pensamientos. Cuando han estado estratégicamente pensando, piensan sobre lo que acaban de pensar. Generalmente, en raras ocasiones meditan sobre Dios (a menos que estén airados), el cielo, Cristo, el estado de la iglesia o cualquier cosa externa a ellos. Más bien, todos sus pensamientos están restringidos y son reflexivos. La autotortura resume sus pensamientos y sus vidas.

19. Sus pensamientos perplejos son como lana o seda enredada o como un hombre en un laberinto en el desierto, o uno que ha perdido el rumbo en la noche. Él busca y va a tientas, y puede restarle importancia a cualquier cosa. Está aún más desconcertado, confundido y enredado, lleno de dudas y dificultades de las que no encuentra salida.

20. Sus escrúpulos son interminables: teme pecar en cada palabra que dice, en cada pensamiento y en cada mirada, en cada comida que ingiera y en cada artículo de ropa que viste. Si considera cómo enmendarlos, tiene dudas sobre las soluciones que provee. No se atreve a viajar ni a quedarse en casa, a hablar ni a quedarse callado. Está obsesionado con todo, como si él consistiera enteramente de inseguridad contradictoria.

21. En consecuencia, aparece que es altamente supersticioso y que inventa muchas reglas para sí mismo que Dios nunca le requirió. Se atrapa a sí mismo con votos y resoluciones innecesarias, y un ascetismo dañino: "no tocar, no probar, no manejar". Su religión está tan compuesta de tales responsabilidades externas y autoimpuestas[8] que pasa muchas horas en este o aquel acto de supuesta devoción: usar estas ropas, pero rechazar las más bonitas, rechazar las comidas favoritas y muchas cosas similares. Una gran cantidad del aspecto perfeccionista de la devoción supersticiosa y ritualista[9] surge de la melancolía, aunque la estructura eclesiástica de esta comunión deriva del orgullo y la codicia.

22. Tales individuos han perdido el poder de controlar sus pensamientos por medio de la razón. Si los convence de que deberían rechazar sus pensamientos auto desconcertantes e improductivos y dirigir sus pensamientos a otros temas o, simplemente, descansar, ellos no pueden obedecerle. Están bajo una compulsión o restricción. No pueden expulsar sus pensamientos molestos; no pueden redirigir su mente; no pueden pensar en el amor y la misericordia. No pueden pensar en otra cosa que no sea sobre lo que sí piensan, como un hombre con un dolor de muelas solo puede pensar en su dolor.

---

8. Cf. Colosenses 2:18–23.
9. Baxter los llama "papistas," refiriéndose a los altos aspectos ceremoniales que han llegado a estar asociados con la devoción romano-católica. La antipatía de Baxter por el catolicismo romano era tanto teológica como moral, y consistente con la amplia comunión contemporánea inglesa-cristiana, conformista y discordante.

23. Por lo general, después de esta etapa empeoran progresivamente, volviéndose incapaces de participar en la oración o en la meditación privada. Sus pensamientos se vuelven desordenados. Cuando deberían orar o meditar, se van por cientos de tangentes, y no pueden mantener sus pensamientos fijos en una sola cosa. Esta es la esencia misma de su enfermedad: una imaginación errónea, confundida, combinada con una razón débil que no puede controlarla. A veces, el terror los aparta de la oración; no se atreven a tener esperanza y, por lo tanto, no se atreven a orar. Generalmente, se atreven a no recibir la Santa Cena. Aquí es cuando están más asustados. Si la reciben, se llenan de terror, temiendo que la han tomado para su propia condenación al haberla recibido de manera indigna.[10]

24. De este modo, desarrollan una evasión poderosa de toda obligación con la religión. El temor y la desesperación hacen que se acerquen a la oración, la predicación y la lectura de la Biblia de la misma manera que un oso siendo llevado a la hoguera. Luego, ellos concluyen que odian a Dios y a la devoción, atribuyendo los efectos de su enfermedad a sus almas. Irónicamente, aquellos que son devotos prefieren ser liberados de todos sus pecados y ser perfectamente santos que tener todas las riquezas o el honor del mundo.

25. Generalmente, están preocupados con pensamientos intensos y de presión que, estando muy desorganizados, solo compiten entre ellos y se contradicen. Experimentan esto como si algo estuviera hablando en su interior, y como si sus propios pensamientos violentos fueran alegatos e impulsos de alguien más. Por lo tanto, tienden a atribuirles todas sus fantasías a algún acto extraordinario del diablo o del Espíritu de Dios. Se expresan en palabras como estas: "Lo pusieron en mi corazón", o "Me dijeron que tenía que hacer algo. Luego, me dijeron que *no* tenía que hacerlo, y ¡me dijeron que tenía que hacer algo más!".

---

10. 1 Corintios 11:28–29.

Experimentan sus propios pensamientos casi como voces audibles *diciendo* lo que ellos mismos están en realidad *pensando*.

26. Cuando la melancolía se vuelve intensa, estos individuos son afligidos frecuentemente con tentaciones espantosas, blasfemas, en contra de Dios, de Cristo o de la Escritura, y en contra de la inmortalidad del alma. Esto viene parcialmente de sus temores, lo que los hace permanecer, a pesar de sí mismos, en lo que más temen, del mismo modo en que la sangre naturalmente fluye de una herida. El dolor mismo de sus temores atrae sus pensamientos hacia lo que temen. Como uno que anhela desesperadamente dormir y teme ser incapaz de poder dormirse está condenado a mantenerse despierto por esos mismos temores y deseos, así que los temores y los anhelos de la melancolía están en desacuerdo. Además, la mezquindad del diablo está claramente interfiriendo aquí, así como también él está aprovechando, por medio de esta enfermedad, para tentarlos y afligirlos, y para mostrar su odio por Dios, por Cristo, por la Escritura y por ellos. Pues así como puede tentar más fácilmente a una persona colérica a la ira; a una persona flemática, sensual a la pereza; y a una persona sanguínea o de temperamento caliente, a la lujuria y a la inmoralidad; de la misma manera, una persona melancólica es más fácilmente tentada a tener pensamientos de blasfemia, infidelidad y desesperación. Muchas veces, tales personas sienten una urgencia intensa, como si fueran impulsados internamente, a decir palabras blasfemas o tontas. No tienen paz hasta haber cedido a tales impulsos. Otros, ceden a la tentación de estar callados, y cuando lo han hecho, están tentados a desesperarse completamente porque han cometido un pecado muy grande. Cuando el diablo obtiene esta ventaja sobre ellos, continua sus esfuerzos en su contra.

27. Ante esto, se sienten más tentados a pensar que han cometido el pecado contra el Espíritu Santo, sin entender cuál es ese pecado, pero aún temerosos de haberlo cometido debido a que es un pecado muy temible. Por lo menos, piensan que no serán

perdonados. No reconocen que la tentación es una cosa, pero que el pecado es otra, y que nadie tiene menos razón de temer a ser condenado por su pecado que aquel que está menos dispuesto a cometerlo y que más lo odia. Nadie puede estar menos dispuesto a cometer pecado que estas pobres almas con respecto a los pensamientos horribles y blasfemos de que se quejan.

28. A causa de esos pensamientos, algunos de ellos llegan a pensar que están endemoniados. Si tan solo entra en su mente la manera en que una persona poseída actúa, el simple poder de la sugestión hará que se comporten igual. He conocido personas que juran, maldicen, blasfeman e imitan una voz extraña interior, pensando que fue el diablo en ellos el que lo hacía. Sin embargo, pocos llegan a este extremo.

29. Algunos que sí experimentan delirio[11] escuchan voces y ven luces y apariciones, y creen que el velo se abre ante ellos,[12] y que alguien se encuentra y conversa con ellos.[13] Es, sin embargo, solamente el error de un cerebro que falla y de la imaginación desordenada.[14]

30. Muchos de ellos llegan a cansarse de la vida en sí debido a las perplejidades constantes y agotadoras de su mente, y aun así, permanecen con temor a morir. Algunos deciden matarse de hambre; otros son fuertemente tentados a suicidarse, y son afligidos con la tentación tan implacablemente que no pueden ir a ninguna parte sin sentir como si algo en su interior los provoca y les dice: "¡Hazlo, hazlo!". Con el tiempo, muchas pobres almas ceden y se suicidan.

31. Muchos otros sufren temores fijos y falsos[15] de llevar carencia, pobreza y miseria a su familia; de encarcelamiento o deportación;

---

11. El delirio es una condición médica grave, con pocas implicaciones de pronóstico, y muchas veces se observa cuando alguien está entrando o saliendo de un coma, o muriendo.
12. Se refiere a partir la barrera entre este mundo y el próximo, o entre lo material y espiritual, lo visible e invisible.
13. Las experiencias cercanas a la muerte no son fenómenos documentados recientemente.
14. Baxter ofrece una explicación rutinaria y ampliamente psicológica para estos síntomas.
15. Esta es la definición clínica actual de *delirio*.

o de que alguien los matará. Ellos creen que a cualquiera que ven murmurando está tramando asesinarlos.[16]

32. Algunos determinan no decir ni una palabra, y entonces, permanecen en decidido silencio.

33. Todos ellos son intrincados y tercos en sus opiniones, y no se les puede convencer de lo contrario, sin importar cuán irracionales sean.

34. Pocos de ellos responden positivamente a cualquier razón, persuasión o consejo. Si parece satisfacerlos, aquietarlos y animarlos por el momento, al día siguiente estarán igual de mal que antes. La naturaleza de su enfermedad es pensar de la manera en que lo hacen.[17] Sus pensamientos no están curados porque la enfermedad subyacente en sí permanece sin curar.

35. Sin embargo, en toda esta angustia, algunos de ellos creerán que están deprimidos, y detestan que se les diga. Insisten en que es simplemente una sensación racional de infelicidad debido a que Dios los abandonó y están bajo la ira pesada de Él. Por lo tanto, difícilmente pueden ser persuadidos de tomar algún medicamento o de usar otros medios para la curación de su cuerpo. Sostienen que están bien, confiados de que solo es su alma la que está afligida.

Este es el caso miserable de estas personas desafortunadas, para ser enormemente compadecidas y no despreciadas por nadie. He hablado aquí solamente de lo que yo mismo he observado y sabido frecuentemente. Que nadie menosprecie a estos individuos; personas de toda clase caen en esta miseria: educados y analfabetas, altos y bajos, buenos y malos, así como algunos que vivieron previamente en un egoísmo y sensualidad decadentes hasta que Dios hizo que se dieran cuenta de su estupidez.

Las causas de la melancolía son (1) más comúnmente por alguna pérdida temporal, sufrimiento, dolor o preocupación que

---

16. Esto representa un ejemplo peligroso de lo que se denomina un estado delirante paranoico.

17. Es evidente que Baxter rehúsa "culpar a la víctima", más bien toma una postura muy compasiva y comprensiva.

los ha afectado muy profundamente; (2) un temor excesivo a situaciones comunes aunque peligrosas; (3) trabajo o pensamiento intelectual demasiado agotador e incesante, que ha confundido y fatigado la imaginación muy intensamente; (4) temores, muy profundos o muy constantes, y pensamientos serios, apasionados, y preocupaciones sobre el peligro del alma.[18] (5) Las predisposiciones principales para ello (de hecho, las causas principales) son una fragilidad de la facultad y la razón, aunada a las emociones fuertes (que muchas veces se hallan en las mujeres y en quienes les aparecen naturalmente). (6) Finalmente, en algunos casos, la melancolía es introducida por algún pecado atroz, que los culpables no soportan ni recordarlo una vez que su consciencia ha despertado finalmente.

Cuando el curso natural de esta enfermedad está muy avanzado, el consejo para las personas afectadas es inútil porque ellas no tienen racionalidad ni libre albedrío para implementarlo. Más bien, son los amigos más cercanos a ellos los que necesitan consejería.[19] Sin embargo, al menos al inicio, *la mayoría* de personas siguen teniendo algún poder de razonamiento, así que doy instrucciones aquí para el beneficio *de ellas*.

Instrucción 1.[20] Asegúrese de que no haya un error teológico en la raíz de su angustia. Especialmente, tenga un entendimiento sólido del pacto de la gracia y de las riquezas de misericordia reveladas en Cristo. Será útil para que entienda estas verdades siguientes, entre otras.

1. Nuestros pensamientos de la bondad infinita de Dios deberían estar en proporción a nuestros pensamientos con referencia a su poder y sabiduría infinitas.

---

18. Preocupación por el estado del alma hoy es obvio por su ausencia general.
19. La necesidad de la participación de la familia en el tratamiento y en la recuperación de enfermedades psiquiátricas severas ha sido una norma de cuidado aceptada.
20. Habiendo *descrito* extensamente la melancolía, Baxter ahora *aplica* este conocimiento al decir cómo tratar con la depresión.

2. La misericordia de Dios ha provisto para toda la humanidad a un Salvador muy suficiente para que ningún pecador perezca por la falta de un resarcimiento completo por sus pecados a través de Cristo. La salvación o el perdón de ningún hombre requiere que él provea el resarcimiento de sus propios pecados.

3. En el pacto de su evangelio, Cristo se ha entregado (lo cual es un acto de sacrificio propio) con perdón y salvación a todo el que acepte el ofrecimiento creyendo y con arrepentimiento. Nadie que escuche el evangelio perece sino los últimos, los obstinados que niegan a Cristo y a la vida.

4. El que cree la verdad del evangelio hasta el punto de aceptar el pacto de la gracia —que Dios el Padre sería su Señor y Padre reconciliado, y Cristo su Salvador y el Espíritu Santo su santificador— tiene una fe verdadera y salvadora y derecho a la bendición del pacto.

5. El día de la gracia es tan proporcional o igual a la duración de nuestra vida que cualquiera que se arrepienta verdaderamente y acepte el pacto de la gracia antes de morir es ciertamente perdonado y tiene vida eterna. Es responsabilidad de cada uno hacerlo, para que se pueda tener el perdón.

6. Las tentaciones de Satanás no son nuestros pecados: solamente ceder a la tentación es pecado.

7. Los efectos de la enfermedad natural o padecimiento no son (en sí mismos) pecado.

8. Los pecados más pequeños (formalmente) y con menos posibilidad de condenarnos son aquellos que estamos menos dispuestos a cometer y que menos nos gustan o disfrutamos.

9. Ningún pecado que detestemos más de lo que nos guste puede condenarnos, si preferimos dejarlo y ser libertados de él en lugar de permanecer en él. Esto es el verdadero arrepentimiento.

10. Está verdaderamente santificado aquel que prefiere ser perfecto en santidad de corazón y vida, en amar a Dios y en vivir por fe, en lugar de tener los mayores placeres, riquezas u honores

del mundo, considerando también los medios por los cuales se logran ambas opciones.

11. El que tiene esta gracia y deseo puede saber que está elegido. Asegurando nuestro llamado al aceptar el pacto santo es también una manera de asegurar nuestra elección.[21]

12. La misma cosa que es una responsabilidad magnífica para algunos, podría no ser en absoluto una responsabilidad para otro, quien debido a enfermedad física (fiebres, delirio, melancolía, etc.) no tiene la capacidad para hacerla.[22]

Instrucción 2. Tenga cuidado con las preocupaciones, la tristeza y el descontento de este mundo. No atesore cosas terrenales al grado de que les permita enfadarlo. Mejor, aprenda a entregarle sus preocupaciones a Dios. Hallará menos paz en cualquier sufrimiento que venga por medios mundanos y pecaminosos. Es mucho más seguro estar preocupado por las incumbencias del cielo que por las de este mundo.[23]

Instrucción 3. La meditación no es definitivamente una responsabilidad para una persona melancólica, excepto por los pocos que pueden tolerar un tipo de meditación breve y estructurada. Esto tiene que ser sobre algún asunto alejado del que los perturba, excepto para las meditaciones cortas como las oraciones repentinas, espontáneas, que se dicen en voz alta. Una medicación rígida y extendida solamente le frustrará y perturbará, y lo dejará sin poder llevar a cabo otras responsabilidades. Si un

---

21. 2 Pedro 1:10.
22. Este es el principio de responsabilidad disminuida, un precedente legal establecido hace mucho.
23. Los puritanos conceptualizaron nuestro viaje por esta vida (también conocido como "La ciudad de destrucción" por John Bunyan) hacia el cielo ("La ciudad celestial" también por Bunyan) como peligroso junto con un camino engañoso, rodeado por muchos obstáculos, enemigos y trampas. Este camino demanda valor (el significado dorado entre desesperación y precipitación) junto con las otras virtudes clásicas y cristianas. Aquí Baxter nos amonesta a ejercer prudencia o discreción.

hombre tiene una pierna quebrada, no debe caminar hasta que se cure, si no todo el cuerpo sufrirá. Es su facultad para pensar o su imaginación la parte que está quebrada, lesionada. Por lo tanto, no debe usarla para reflexionar en las cosas que tanto lo perturban. Usted podría decir: "¡Eso es profanación, descuida a Dios y al alma, y deja que el tentador haga su voluntad!". Sin embargo, yo respondo: "No, es simplemente abstenerse de lo que no puede hacer en este momento, para que al hacer otras cosas que sí puede, usted pueda más adelante hacer lo que no puede ahora. Es simplemente postponer el intento de hacer (en el presente) lo que solo le incapacitará para hacer todas sus otras responsabilidades. En el presente, usted puede llevar a cabo los asuntos de su alma por medio del razonamiento santificado. No estoy disuadiéndole del arrepentimiento o de creer, sino más bien de las meditaciones fijas, prolongadas y profundas que solamente le lastimarán".

Instrucción 4. No se involucre por mucho tiempo en una tarea privada que usted no puede soportar. La oración en sí, cuando usted es incapaz de hacerla, tiene que ser llevada a cabo solamente al grado que usted puede. Cuando no puede hacerlo mejor, entonces las confesiones y peticiones cortas a Dios tendrán que ser suficientes en vez de las oraciones privadas prolongadas.[24] Si la enfermedad puede excusar a una persona por ser cortante debido a que su fuerza está disminuida, entonces el mismo principio aplica aquí en una enfermedad del cerebro y del ánimo. Dios no ha ordenado que se involucre en actividades que son dañinas para usted.

Instrucción 5. Cuando se halle incapaz de tener devocionales privados, no sea demasiado duro consigo mismo. Mejor, vaya a un paso que no sea demasiado incómodo. ¿Por qué? Porque todo

---

24. Compare las palabras de Pablo en 2 Corintios 8:12: "Porque si primero hay la voluntad dispuesta, será acepta según lo que uno tiene, no según lo que no tiene".

esfuerzo que no lo capacita, solamente lo estorba, hace que su responsabilidad sea más pesada para usted y lo deshabilita más al empeorar su condición. Es como un buey que jala de manera dispareja o un caballo que muerde el freno y, por consiguiente, se cansa rápidamente. Conserve su disposición para cumplir su responsabilidad y evite las cosas que le hagan sentir desdichado. Cuando su estómago está descompuesto, no es comer mucho sino digerir bien lo que restaura la salud. Se debe comer poco cuando no se puede digerir mucho; así también en el caso de sus meditaciones y devociones privadas.

Instrucción 6. Invierta el mayor esfuerzo en tareas que tolera mejor. Para la mayoría, esto consistirá en orar en voz alta en presencia de otros y la buena conversación. Un hombre enfermo, cuyo estómago no puede tolerar la mayoría de las comidas, debe comer lo que puede tolerar. Y Dios ha provisto una variedad de medios para que unos puedan ser efectivos cuando los otros no. No me malinterprete: en asuntos de necesidad absoluta, permítame enfatizar, usted tiene que esforzarse en hacerlas pase lo que pase.[25] Si es lento para creer, para arrepentirse, para amar a Dios y a su prójimo, para ser serio, recto y devoto, o incluso para orar, entonces, aquí usted debe luchar y no excusarse por renuencia. Estas responsabilidades deben cumplirse, o usted está perdido.[26] Sin embargo, alguien que no puede leer podría ser salvo sin leer, y alguien en prisión o enfermo podría ser salvo sin escuchar la Palabra predicada y sin la comunión de los santos. En la misma

---

25. Como se mencionó anteriormente (p. 65), Pablo dice en Gálatas 6:2, 5: "Sobrellevad los unos las cargas de los otros, y cumplid así la ley de Cristo. ... Porque cada uno llevará su propia carga". Aunque superficialmente paradójico, el texto sugiere que algunas cargas son abrumadoras y no hay posibilidad de cargarlas solos, y aquellos que tienen capacidad de hacerlo deben ayudar a quienes están en peligro de ser aplastados por dicho peso. Al mismo tiempo, hay responsabilidades personales —cargas— que solo atañen a la persona. Estas no deben descuidarse ni delegarse ni ser asumidas por otro.

26. Baxter no está sugiriendo que nos salvamos *por* hacer un uso diligente de los medios de la gracia, sino que está diciendo que no nos salvamos *sin* usarlos, tampoco.

forma, una persona discapacitada por la melancolía podría ser salva por medio de reflexiones breves y oraciones rápidas sin meditaciones prolongadas y formales y oraciones privadas. Otras responsabilidades que él puede hacer compensarán la falta de estas. De la misma manera en que la naturaleza ha provisto dos ojos, dos oídos, dos fosas nasales, dos riñones y dos pulmones para que si uno falla el otro puede compensar, así sucede aquí.

Instrucción 7. Evite estar a solas innecesariamente y, tanto como sea posible, mantenga una compañía sincera y animada. Usted necesita a los demás y no es conveniente estar por sí solo. Dios usará y honrará a los demás como extensiones de sus manos para entregar sus bendiciones. La soledad es para aquellos que aptos para ella y provee un tiempo excelente para meditar y conversar con Dios y con nuestro propio corazón. Sin embargo, para usted, es un tiempo de tentación y peligro. Si Satanás tentó a Cristo mismo cuando Él estaba ayunando y a solas en el desierto, ¿cuánto más aprovechará esto como su oportunidad en contra de usted? La soledad invita a sopesar y a reflexionar, que son las cosas de las que debe apartarse si no quiere perderlo todo.

Instrucción 8. Cuando aparezcan pensamientos blasfemos o perturbadores, o reflexiones infructuosas, confróntelas de inmediato y use la autoridad de la razón que queda en usted para rechazarlos y ordenarles que se vayan. Si no ha perdido su razón, ella y su voluntad tendrán poder sobre los pensamientos, así como sobre la lengua, las manos o los pies. De la misma manera en que se avergonzaría por correr en círculos o pelear con sus puños y luego dijera "no puedo evitarlo", o que se permitiera hablar incesantemente, todo el día, y dijera "no puedo detenerlo", así debería avergonzarse de permitirle a sus pensamientos continuar alegóricamente, o permanecer sobre cosas dolorosas, y luego decir: "no puedo evitarlo". ¿Está haciendo su mejor esfuerzo para evitarlo? ¿No puede pensar en algo más? ¿O no puede animarse a sí mismo y deshacerse de ellos? Algunos individuos, al echarse un poco de agua fría en la cara (o al pedirle a alguien que se la eche),[27] pueden despertarse del letargo melancólico como se despertarían del sueño. Si esto no es posible, ¿no puede salir de su habitación y empezar alguna tarea que le sirva como una distracción? Podría hacer más de lo que habría hecho si tan solo estuviera dispuesto y supiera cuánta responsabilidad tiene de hacerlo.

Instrucción 9. Cuando piensa en cosas santas, que sean las mejores: Dios y la gracia, Cristo, el cielo, o sus hermanos o la iglesia. Concentre sus meditaciones externamente, pero asegúrese de no examinarse a sí mismo en detalle, y no desperdicie sus pensamientos pensando *en* sus pensamientos. Así como debemos dirigir los pensamientos de los pecadores negligentes al interior y dirigirlos del mundo y el pecado hacia sí mismos, en una manera diferente debemos dirigir al exterior los pensamientos de las personas melancólicas y autoconfundidas. Esto se debe a que la naturaleza de su trastorno estar acusándose a sí mismos continuamente. Recuerde que es un deber mucho más alto, más noble y más dulce pensar en Dios, Cristo y el cielo que en tales gusanos como lo somos nosotros. Cuando vamos a Dios, vamos al amor y a la luz y a la libertad. Cuando bajamos la mirada a nuestro interior, vemos un calabozo, una prisión, un desierto, un lugar de tinieblas, horror, suciedad, miseria y confusión. Por lo tanto, aunque tales pensamientos son necesarios en cuanto a que sin ellos nuestro arrepentimiento y debida vigilancia no pueden ser mantenidos; aunque son dolorosos, innobles, e incluso infructuosos en comparación

---

27. Tenga en cuenta que la iniciativa es con la persona deprimida para autoadministrarse este tratamiento o para solicitarlo. No se debe imaginar que abofetear a alguien o arrojarle agua en la cara sin que se lo haya pedido es ser defensor, como en algunas de las "curas" ridículas de la histeria presentada en las películas antiguas. En tal parodia, siempre se puede contar con que la persona responda agradecida: "Gracias, lo necesitaba". Este no es el método de Baxter.

con nuestros pensamientos en Dios. Cuando derrama el contenido de su corazón para buscar si el amor de Dios está allí, sería más sabio pensar en la amistad infinita de Dios. Eso provocará el amor de Dios, ya sea que haya estado o no allí antes. Entonces, en vez de tratar tan fuerte de leer su corazón para saber si está o no fijo en lo celestial, *eleve sus pensamientos al cielo* y piense en su gloria. Eso elevará su corazón hacia el cielo y le dará y mostrará lo que estaba buscando. Dedique tiempo a plantar deseos santos en el jardín de su corazón, tiempo que usted está actualmente usando en probarse y examinarse mientras espera discernir si esos deseos están allí. Somos criaturas entenebrecidas y confundidas que vernos a nosotros mismos es suficiente para provocar aversión y horror en nuestra mente, y para contribuir a la melancolía. Sin embargo, en Dios y la gloria no hay nada que desanime nuestros pensamientos y todo para deleitarlos si Satanás no logra tergiversárnoslos.

Instrucción 10. No pase por alto el milagro de amor que Dios ha mostrado en la encarnación, el ministerio, la vida, la muerte, la resurrección, la ascensión y el reino de nuestro Redentor. Mejor, impregne sus pensamientos más que todo en estas maravillas de misericordia, ordenadas por Dios para ser la substancia primordial de sus pensamientos. Debería traer racionalmente a su memoria muchos pensamientos sobre Cristo y la gracia para cada uno de los que lista sobre su pecado y miseria. Dios requiere que usted vea su pecado y miseria, pero de una manera que tiende a magnificar el remedio y haga que usted lo acepte. Nunca piense en su pecado y en el infierno aisladamente, sino como una manera hacia los pensamientos en Cristo y en la gracia. Esta es la responsabilidad de incluso el peor de nosotros. ¿Están sus pecados siempre frente a usted?[28] ¿Por qué no también la gracia perdonadora en Cristo?[29] ¿Está el infierno abierto ante usted? ¿Por qué no está

---

28. Salmo 51:3.
29. ¡Ya basta de la caricatura pesimista de los puritanos!

también ante usted el Redentor? ¿Dice: "Porque el pecado y el infierno me pertenecen, pero Cristo, la santidad y el cielo no son míos"? Entonces, yo le respondo: "Es así, porque así lo quiere: si no lo quisiera de esa manera, entonces *no* es así". Dios puso primero vida ante usted, y no solo muerte. Él ha puesto a Cristo, la santidad y el cielo en su lado de la balanza; el diablo pone el placer del pecado por un tiempo, en el otro. El lado que usted escoge sin fingimiento alguno *es* suyo. Dios le ha dado a elegir. Nada es más cierto que esto: Dios ha dado tan completamente a Cristo y la vida a todos los que escuchan el evangelio que nada, excepto su rechazo final y obstinado, puede condenarlos.[30] Cristo y la vida son puestos ante la voluntad y la elección de todos, aunque no todos lo aceptarán y elegirán a Él. Así que si no quiere tener a Cristo, la vida y la santidad, ¿qué prefiere tener? Y si no, ¿de qué se queja?[31]

Instrucción 11. Piense y hable tanto sobre la misericordia que ha recibido como lo hace sobre el pecado que ha cometido. Similarmente, concéntrese tanto en la misericordia ofrecida como en la misericordia que necesita. No se atreva a decir que la misericordia que ha recibido es menos digna de recordarse y mencionarse que todos sus pecados. Cuando Dios hace tanto por usted, ¿debería ignorarse, disimularse o minimizarse como si sus misericordias fuera un hueso seco o un desierto infértil que no produce algo en que reflexionar? No sea culpable de tan enorme ingratitud. Los pensamientos de amor y misericordia engendrarán amor y dulzura en el alma. Por el contrario, los pensamientos de pecado e ira solamente cultivarán indisposición, terror, amargura y confusión. Estos últimos apartan de Dios al corazón.

Instrucción 12. Comprométase diariamente a usar gran parte de sus oraciones en confesar la misericordia recibida como

---

30. Juan 3:16; 5:40; 1 Juan 5:10–12; Apocalipsis 22:17.
31. El uso de la paradoja en terapia no es una innovación moderna.

también en confesar el pecado cometido, y en alabar a Dios como en lamentar sus propias miserias. No se atreva a negar que esta es su responsabilidad, si es que comprende su deber. La acción de gracias y la alabanza son responsabilidades mayores que confesar el pecado y la miseria. Decida, entonces, que estas deberán tener la mayor parte de su tiempo. Si hace simplemente esto, lo cual puede hacer si quiere, con el tiempo quitará la amargura de su espíritu. La sola mención frecuente de cosas más dulces, endulzará su mente y cambiará su temperamento y su hábito, así como un cambio de dieta impacta el vigor de su cuerpo. Le suplico: sea determinado y pruebe este enfoque. Si no puede mencionar la misericordia tan agradecidamente como quisiera o mencionar las excelencias de Dios con el grado de devoción y alabanza que desearía, de todos modos haga lo que pueda y menciónelas según *pueda*.[32] Podría distribuir su tiempo, decidiendo qué debería tener la mayor parte en oración, incluso si no puede controlar sus sentimientos. Si solo hace esto, hallará gran beneficio.

Instrucción 13. No valore demasiado el aspecto apasionado del deber, pero entienda esto: el juicio, la voluntad, la práctica, la alta estima de Dios y la santidad, la decisión determinada, y el esfuerzo sincero son la vida de la gracia y la responsabilidad; las emociones que siente son cosas menores e inciertas. Usted no sabe lo que hace cuando enfatiza tanto en aspecto emocional, o cuando se esfuerza mucho por obtener revelaciones profundas y trascendentales. Esto no es lo importante ni lo esencial de la santidad. Demasiado de esos sentimientos pueden distraerlo. Dios sabe cuánto usted puede soportar. Los sentimientos apasionados dependen considerablemente de la naturaleza. Algunas personas son más expresivas que otras. Una cosa pequeña afecta profundamente a algunos. Las personas más sabias y más dignas son

---

32. Somos amonestados a no permitir que lo que *no podemos* hacer verdaderamente sirva como una excusa por descuidar lo que *sí podemos* hacer.

generalmente las menos apasionadas. El más débil apenas controla sus sentimientos.[33] Dios no se deja llevar por nuestras sensaciones, y por lo tanto, se le puede experimentar mejor a través del entendimiento y la voluntad que a través de las emociones. El alma más santa es la más inclinada hacia Dios, determinada por Él y conformada a la voluntad de Dios; no la afectada con las tristezas, los temores y las alegrías más profundas, y otro tipo de emociones cautivantes similares. No obstante, sería mejor si los afectos santos pudieran ser estimulados a voluntad, al grado que nos equiparan mejor para el deber. Sin embargo, he conocido a muchos que se quejan de la falta de sentimientos más profundos, que si sus sentimientos (como ellos los llaman, emociones) hubieran sido más intensos, se hubieran distraído. Preferiría ser un cristiano que se odia a sí mismo por el pecado, está determinadamente en su contra y lo abandona (aunque no pueda llorar por él) que uno de aquellos que pueden llorar hoy, pero pecan de nuevo mañana, uno cuyas emociones pecaminosas son tan rápidamente estimuladas como sus mejores emociones.

Instrucción 14. No se preocupe demasiado en sus propios pensamientos. No les dé mucha importancia. Si Satanás le lanza pensamientos abusivos, y su usted no puede echarlos fuera, menosprécielos, y no les dé importancia. Hacer un gran alboroto por cada pensamiento que entra en su mente los mantendrá más tiempo allí. Porque de lo que más conscientes estamos, pensamos más en ello. Lo que menos nos importa es en lo que pensamos menos. Si usted no quiere deshacerse de ellos nunca, entonces siga prestándoles atención y haciéndolos demasiado importantes. Estos pensamientos problemáticos son como las arpías molestas: si les presta atención y les responde, nunca lo dejarán tranquilo. Si las deja que hablen, no les preste atención y no les responda,

---

33. Creo que aquí, Baxter está discutiendo sobre dominio propio, no de la ausencia de emoción expresada.

se cansarán y se rendirán. El plan del diablo es fastidiarlo y desconcertarlo. Si ve que usted no se molestará ni desconcertará, él se rendirá.[34] Ya conozco su respuesta: "¿Debería yo ser tan impío como para ignorar esos pensamientos pecaminosos?". Le estoy aconsejando no que los ignore en el sentido de que no se preocupe por qué pensamientos están en su mente o que descarte un pecado pequeño como si no existiera. Sino que no los haga pecados más grandes o más peligrosos de lo que son en realidad.[35] No les preste atención distintiva o particular ni se moleste por ellos. Si lo hace, no tendrá espacio en sus pensamientos para Cristo y el cielo y lo que *debería* captar sus pensamientos. En cambio, el diablo se regocijará al ver cómo él lo ocupa a usted en pensar sus propios pensamientos por usted,[36] (o más bien, las tentaciones de él). Él puede ocuparlo a usted el día entero en escuchar lo que él le dice y pensando en sus sugerencias en vez de en las obras de Dios. Ninguno de los siervos de Dios está libre de pensamientos inconsistentes y pecaminosos. Para tales pensamientos, ellos tienen que pedir perdón diariamente y alegrarse de que tienen un Salvador suficiente y remedio para ellos, y que, por lo tanto, el pecado finalmente llevará solo a la exaltación de la gracia. Sin embargo, si ellos les prestaran atención excesivamente y estuvieran molestos por cada pensamiento sin fundamento, este sería simplemente una trampa para desviarlo de casi todas sus responsabilidades mayores. ¿Le gustaría si su empleado empezara a notar y a preocuparse por imperfecciones insignificantes en su trabajo en lugar de *hacer* su trabajo?

Instrucción 15. Recuerde, no es pecado ser tentado, sino solamente ceder a la tentación. Cristo mismo fue llevado y tentado

---

34. Santiago 4:7.
35. 1 Juan 5:16–17 afirma claramente que algunos pecados son peores que otros. Aquí, Baxter aconseja no desestimar cualquier pecado como "insignificante" porque es "pequeño", o elevarlo por encima de la gracia de Cristo porque es "inmenso".
36. Mejor debemos "considerar los pensamientos de Dios antes que él".

blasfemamente por el diablo —tentado incluso a postrarse y adorarlo. Sin embargo, Cristo convirtió estas tentaciones en una ventaja, incrementando su gloria a través de su victoria sobre ellas. No crea que el pecado del diablo le pertenece a usted. ¿Son sus tentaciones más horribles e insoportables que las de Cristo? ¿Qué pasaría si el diablo lo llevara a usted al pináculo del templo, como lo hizo con Cristo? ¿Acaso no habría pensado que Dios lo había abandonado y se habría rendido al poder de Satanás? Usted podría justificar que cedió a la tentación aunque Cristo no lo hizo. Bueno, no puede esperarse que la gente pecadora debería soportar la tentación tan inocentemente como lo hizo Cristo, ¿o sí? Satanás no encontró nada en Cristo para avenirse a él; sin embargo, ¡en nosotros él encuentra una naturaleza pecaminosa! La cera recibirá una marca, mientras que el mármol no. Pero no toda contaminación pecaminosa representa acceder al pecado que nos tienta.

Instrucción 16. Considere cuán distante está de amar, deleitarse o estar renuente a abandonar estos pensamientos pecaminosos. Observe que no todo pecado condena, excepto el pecado que es tan amado y en que tanto se deleita que preferiría mantenerlo que dejarlo.[37] ¿Acaso no anhela ser libertado de todos estos pensamientos y pecados horribles? ¿Estaría renuente a vivir en desgracia, pobreza o exilio si tan solo fuera libertado del pecado? Si es así, ¿por qué duda de su perdón? ¿Acaso puede tener una señal más segura de arrepentimiento o de que su pecado no es un pecado imperdonable ni gobernante que el hecho de que usted *no* lo ama ni lo desea? Mientras menos voluntad para pecar, menos pecado; y mientras más voluntad para pecar, más pecado. El hombre codicioso ama su dinero, el fornicario ama

---

37. Los puritanos estarían necesariamente más preocupados por las causas que por las consecuencias. Quien teme y odia la causa de la condenación final (el pecado) tiene menos temor que quien simplemente teme las consecuencias (el infierno).

su lujuria, el orgulloso ama su honor, al borracho le encantan sus bebidas y al glotón le encanta complacer su apetito. A ellos les gusta tanto esto que no lo dejarán. Pero ¿a usted le gustan sus pensamientos perturbadores, confusos o blasfemos? ¿Acaso no está muy cansado de ellos, incluso hasta cansado de su vida a causa de ellos? ¿No le agradaría y estaría agradecido de que nunca lo vuelvan a molestar? Entonces, ¿cómo puede dudar de ser perdonado?

Instrucción 17. No se culpe a sí mismo más de lo que exista una causa para ello por los efectos de su enfermedad. Indirectamente, un hombre que en su distracción piensa o habla inapropiadamente podría decirse que es responsable *al grado de que su pecado ha causado su enfermedad.* Sin embargo, directamente en él y por sí mismo, *los efectos involuntarios de su enfermedad no son pecaminosos.* La depresión es simplemente una enfermedad que afecta las emociones y la imaginación, aunque uno no perciba enfermedad alguna. Es igualmente esperado que una persona deprimida sea impetuosa y que las dudas, los temores, los pensamientos desesperantes y las tentaciones blasfemas la atormenten, como lo es para un hombre habla incoherentemente por la fiebre cuando falla su conocimiento. De manera similar, cuán común es que una fiebre provoque pensamientos de agua y sed poderosa. ¿Haría que un hombre con fiebre se acuse a sí mismo por tener sed o por esos pensamientos, deseos o las cosas que dijo? Si usted tuvo los pensamientos espantosos en sus sueños que ahora tiene mientras está despierto, ¿acaso no los clasificaría como debilidades inevitables en vez de pecados no perdonados? Por consiguiente, su trastorno hace a sus pensamientos malos moralmente equivalentes a los sueños.

Instrucción 18. Asegúrese de mantenerse constantemente ocupado, hasta donde su fortaleza le permita, en labores diligentes de un llamado honesto,[38] y no desperdicie tiempo precioso en la ociosidad. La pereza es la oportunidad del tentador: cuando usted está desocupado, invita al diablo a venir a molestarlo. Entonces, tendrá tiempo para escucharlo y pensar en lo que él ponga en su mente, y luego, ¡volver a pensar en esos pensamientos![39] Cuando no tiene nada que hacer, el diablo le pondrá este tipo de trabajo. Luego, tendrá que sentarse quieto y reflexionar, y sus pensamientos se moverán por necesidad en el caos de su propio mal, como niños jugando en el lodo. Y *la ociosidad es un pecado*, que Dios no consentirá. Él le ha mandado: "Seis días trabajarás".[40] Y,

Con el sudor de tu rostro comerás el pan.[41]

Y "Si alguno no quiere trabajar, tampoco coma".[42] Recuerde que el tiempo es preciado, y que se va volando, y que Dios no le ha dado nada sin propósito. Por lo tanto, si está atribulado por otros pecados, haga de este pecado un asunto de consciencia, y no desperdicie ni quince minutos en cosas ociosas e improductivas. Sería adecuado que Dios fuera a hacer de su pecado mismo su castigo, y que sus pensamientos ociosos lo castigaran diariamente si no se levanta y va a hacer sus labores honestas. Ningún fingimiento de oración o cualquier otra devoción disculpará su holgazanería pues es contra la ley de Dios. Sobre todo lo que le he dicho, permítame suplicarle, por lo tanto, que obedezca esta instrucción en especial. He conocido personas desesperadas, melancólicas, que se sanaron al ponerse a sí mismas, resuelta y

---

38. El concepto del llamado vocacional es maravillosamente abordado por Paul Helm, *The Callings: The Gospel in the World* (Carlisle, PA: Banner of Truth, 1987).
39. Si no creemos los "pensamientos de Dios", primero consideraremos nuestros propios pensamientos una y otra vez, y con el tiempo, consideraremos los pensamientos del diablo, eso parece estar diciendo Baxter.
40. Éxodo 20:9, el sexto mandamiento.
41. Génesis 3:19.
42. 2 Tesalonicenses 3:10.

diligentemente, a cumplir sus responsabilidades (y cambiar de localidad, de compañía y saliendo). Si usted insiste en acurrucarse en una esquina y pecar contra Dios a través de la pereza y la pérdida de tiempo, y así contribuir a su propia miseria en vez de levantarse y hacerse cargo de sus responsabilidades, entonces, su tragedia está bien merecida. No diga que tiene poco o nada que hacer. Dios ha hecho que la responsabilidad de cada uno, sin importar su riqueza, sea trabajar en tal ocupación según sea adecuado para la posición y capacidad personal.

Instrucción 19. Observe cuidadosamente cuánto se deleita el diablo en confinarlo a pensamientos tristes y desalentadores. Entonces, podría ver fácilmente que tal enfoque no puede ser su responsabilidad ¡ni le conviene ya que es muy útil y complaciente para el diablo! Al mantenerlo a usted en sus dudas y temores confusos, él le roba a Dios el agradecimiento y la alabanza que usted le debe por todas sus misericordias. Estas responsabilidades superiores las deja a un lado como si no le pertenecieran. Usted falla en darle a Dios el honor por su misericordia excelentemente milagrosa en nuestra redención; ¡tampoco estudia, ni se deleita, ni admira, ni magnifica las riquezas de la gracia en Jesucristo! Tiene pensamientos pobres y bajos del amor infinito de Dios y no está apto para sopesarlos ni para percibirlo. Se parece a alguien con un reflujo ácido constante, que le causa permanente un sabor amargo en la boca y le impide disfrutar la comida. Sus pensamientos bajos acerca de Dios le impiden amarlo y lo inclinan a odiarlo y a huir de Él como si fuera un enemigo. Mientras tanto, el diablo hace una mala representación de Dios fingiendo que Él lo odia. Esto desperdicia su tiempo; le priva de toda disposición y placer en su responsabilidad y se convierte todo el servicio a Dios en una carga y molestia. Es muy opuesto al espíritu de adopción, y a todo el marco de adoración y obediencia evangélicas. ¿Y, bajo el pretexto de ser más humilde, afligido y sagaz, gratificará a Satanás y perjudicará a Dios y a sí mismo?[43]

Instrucción 20. No confíe en su propio juicio, durante su condición deprimida y ansiosa, en cuanto al estado de su alma o a la elección y conducta de sus pensamientos o deseos. Comprométase al juicio y la dirección de alguien experimentado, un guía fiel. En esta condición oscura y desordenada, usted no está apto para juzgar su propia condición ni la manera para abordar su responsabilidad. Su mente e imaginación están bien o enfermas: si están bien, entonces, ¿qué son estas quejas sobre molestias, confusión y una incapacidad para meditar y orar? Si están enfermas, entonces, ¿por qué sería usted tan arrogante en pensar que es capaz de avaluarse a sí mismo mientras tiene una imaginación y un pensamiento tan trastornado? Una de las peores características de las personas deprimidas es que, muchas veces, son sabias ante sus propios ojos y tercas en sus opiniones en un momento en que su cerebro está más enfermo y su razón más débil. Es más, son engreídas, testarudas e imposibles de enseñar, como si estuvieran orgullosas de su entendimiento patético y piensan que nadie sabe tanto como ellas.[44] "¡Oh!", dice, "¡usted no entiende mi caso!". ¿Acaso no hay más posibilidad de que yo, que he visto muchos casos así, pueda comprender su caso mejor de lo que usted podría, cuando nunca ha experimentado la depresión en nadie más que no sea usted? Un espectador podría entender mejor la situación de alguien que está soñando, de lo que el soñador puede comprender su propia situación. ¡Usted dice que los demás no sienten lo que usted siente! Bueno, un médico no siente lo que siente alguien con epilepsia o delirio. Aun así, sobre la base de

---

43. El perfeccionismo obsesivo puede representar la forma más arrogante de superioridad moral. Ya que el autosacrificio es orgullo disfrazado de humildad. Idiomáticamente, nos referimos a tal actitud como "ser más católico que el Papa". Baxter argumenta que dicho perfeccionismo está muy lejos de ser un estado más alto de gracia que de ser un pecado real.
44. Es imposible aprender algo si usted lo sabe todo.

lo que usted dice sentir y lo que el médico ve, él puede entender mucho mejor su trastorno, tanto la naturaleza como la cura del mismo, que usted, que lo siente. Una persona sabia, cuando está enferma, se confiará a sí misma, bajo Dios, a la instrucción de su médico y a la ayuda de sus amigos, y no se opone a su ayuda ni su consejo y tampoco los rechaza obstinadamente solo porque no lo complace. Haga lo mismo si es sabio. Confíese al consejo apropiado. No menosprecie el juicio del proveedor sobre su condición o su responsabilidad. Usted piensa que está perdido y que no hay esperanza. Escuche a alguien que esté en mejor posición para juzgar. No ponga su comprensión limitada muy obstinadamente en contra de él. ¿Cree que él es tan tonto como para estar equivocado? ¿En cambio, no debería alguna humildad hacer que considere que *usted* podría estar equivocado? Acepte su concejo sobre sus pensamientos, la forma y la duración de sus devociones privadas y todas las dudas para las que necesita consejo. Respóndame esta única pregunta: ¿Conoce a alguien que sea más sabio y más capaz para evaluar su condición y darle consejo? Si dice que no, entonces, ¡qué orgulloso está de tal sensatez trastornada! Si dice que sí, entonces, crea y confíe en esa persona y decídase a seguir sus indicaciones. Y, yo le preguntaría, ¿alguna vez tuvo una opinión muy diferente de sí mismo? Si es así, ¿no estaba, en ese entonces, sensato y capaz de juzgar, y tenía más posibilidad de tener razón, de lo que está ahora?

Indicación 21. Mi último consejo es este: esfuércese por curar su enfermedad, sométase al cuidado de su médico y obedézcale. No sea como la mayoría de las personas deprimidas, quienes no creen que el medicamento les haga bien, sino que piensan que es solamente su alma la que está afligida. Porque, entienda esto, es la química, la razón y el estado de ánimo los que están desequilibrados. Por consiguiente, el alma es como alguien que ve a través de un vidrio de color y piensa que todo tiene el mismo color que el vidrio. En lo personal, he sabido de muchos individuos que sanaron por el medicamento.[45] Es más, a menos que el cuerpo esté sano, la mente será difícilmente curada,[46] hasta el punto en que incluso el consejo más lúcido y bien razonado será ineficaz.[47]

---

45. Muchos de los medicamentos a los que Baxter probablemente se refiere serían considerados hoy como *venenos*, en que los efectos secundarios de dichos medicamentos ("físicos") eran mucho más pronunciados que cualquier efecto terapéutico. Sin embargo, Baxter habría estado familiarizado, como médico laico y el único médico experto para su congregación, con la farmacopea de sus días. Su testimonio ("Yo personalmente he conocido muchas personas que se han curado con medicamentos"), debemos tomarlo al pie de la letra, ya que él no parece estar haciendo afirmaciones casi universales como aquellos que han sido falsamente hechos por ciertos medicamentos modernos. Pero es razonable deducir que si el medicamento rudimentario de los tiempos de Baxter —los cuales incluían cosas como mercurio y arsénico— probaron ser efectivos a veces, podríamos considerar nuestras ofertas modernas farmacológicas por lo menos igual de útiles.

46. Baxter está discutiendo, no por la preeminencia del cuerpo sobre la mente, sino por la *necesidad* del cuerpo de que la mente pueda existir y funcionar normalmente. Ya que el cerebro es integral al trabajo del cuerpo, así esa porción del cuerpo es particularmente esencial al funcionamiento de la mente.

47. A veces, cuando la consejería, la asesoría o la psicoterapia formal basta para tratar tanto la ansiedad como la depresión. Sin embargo, a veces estos métodos son ineficaces sin medicamento y pueden ser peor que ineficaces a menos que estén acompañados por cuidados médicos apropiados.

Capítulo 4

LA RESOLUCIÓN DE LA DEPRESIÓN Y LA TRISTEZA ABRUMADORA A TRAVÉS DE LA FE

Richard Baxter[1]

Pregunta: ¿Cuáles son las mejores protecciones contra la depresión y la tristeza abrumadora?

"... para que no sea consumido de demasiada tristeza"
(2 Corintios 2:7).

Debido a que la brevedad de mi presentación no me da la libertad, no puedo pasar mucho tiempo desarrollando el contexto de este versículo o especulando si la persona de la que habla es el mismo individuo acusado y juzgado por incesto en 1 Corintios 5 o si es alguien más. De manera similar, me rehúso a aceptar el argumento escrito por un expositor que cree que el hombre

---

1. Editado y actualizado por Michael S. Lundy, MD, del original de Baxter *"The Cure of Melancholy and Overmuch Sorrow, by Faith."*

condenado era en realidad un obispo de la iglesia en Achaia, y que una asamblea formal de sus compañeros obispos fue la responsable de su excomunión. Además, la especulación adicional con relación a las opiniones en cuanto a la representación proporcional de cada congregación por un obispo específico es irrelevante aquí. Así también, las discusiones respecto a la pregunta de división si el individuo citado era un obispo y, después de su excomunión (exigida por Pablo), logró retener un seguimiento que rechazó la excomunión, y así sucesivamente. La única porción de este versículo que es relevante para mi interés actual es la última oración, la cual provee la razón de que el ofensor censurado, quien ha expresado arrepentimiento sincero, debe ser perdonado y restaurado: "para que no sea consumido con demasiada tristeza".

Esta última oración expresa tres asuntos prácticos de doctrina, cada uno íntimamente relacionado a los otros dos, a los cuales me dirigiré como un todo. Específicamente, estos son los puntos:

1. Tristeza y aflicción, incluso por un pecado real y horrible, podrían ser excesivas.
2. La tristeza excesiva devorará a la persona.
3. Por consiguiente, tal tristeza debe combatirse y mitigarse por medio del consuelo apropiado de otros, pero el cual debería también provenir desde el interior de nuestra propia alma.

Estas tres preocupaciones serán abordadas de esta manera y en el orden siguiente:

1. Qué es lo que representa realmente la tristeza excesiva
2. Los medios por los cuales este tipo de tristeza lo devora y destruye a uno
3. Las causas de tal tristeza
4. La resolución eficaz de dicha tristeza

No hace falta decir que la tristeza excesiva por un pecado verdadero es difícilmente una situación común en este mundo. Más bien, una disposición voluntaria, ignorante y terca, es la causa común de la perdición de la gente. La ubicuidad del corazón dura y la consciencia insensible protege a la mayoría de la gente de la sensación apropiada de la gravedad de su pecado, o por lo menos de la consciencia del peligro, la miseria y las repercusiones eternas a causa de sus almas culpables. Una familiaridad lánguida con el pecado priva a la mayoría de los individuos de la consciencia o comprensión. Ellos podrían realizar algunos de los actos religiosos externos, pero como si fueran parte de un sueño: asisten a la iglesia, repiten las palabras del credo, el Padre Nuestro y la recitación litúrgica de los diez mandamientos; e incluso reciben la Santa Cena, pero como si estuvieran dormidos ante las implicaciones de todo aquello. Aunque están de acuerdo en que el pecado es lo más detestable ante los ojos de Dios y algo doloroso para sus semejantes; no obstante, viven en pecado con deleite y obstinación. Se imaginan a sí mismos arrepentirse de ello, pero cuando no están realmente persuadidos de abandonarlo, en vez de eso, dirigen su propia ira contra quienes los animan para separarse del pecado definitivamente.

Tales individuos no se ven a sí mismo ni como malos ni como desequilibrados como aquellos que experimentan una tristeza efectiva por sus pecados anteriores o por su estado presente de inmoralidad, o como los que toman resoluciones sólidas para llevar una vida nueva y santa. En cambio, ellos sueñan, por así decirlo, con el juicio, el cielo y el infierno; sin embargo, sus reacciones a estas últimas no están en consonancia con el peso insoportable de los mismos.[2] ¿Acaso estarían más preocupados por ellos si estuvieran espiritualmente conscientes de estos asuntos? Ellos piensan, escuchan y hasta discuten la gran obra de la redención

---

2. Ver Paul Helm, *The Last Things: Death, Judgment, Heaven and Hell* (Carlisle, PA: Banner of Truth, 1989).

del hombre por medio de Cristo, y de la necesidad de la gracia justificadora y santificadora, y de los gozos y miserias de la vida venidera de una manera que es meticulosamente superficial y desinteresada. ¡Aun así declaran creer en estas cosas! Cuando predicamos o cuando hablamos con ellos de las cosas más importantes, las verdades eternas, citando la mejor evidencia y usando las palabras más simples y serias, es como si le habláramos a los muertos o a quienes están profundamente dormidos. Aunque tienen oídos, no oyen realmente, y nada conmueve su corazón.

Podría suponerse que quienes leen la Biblia y profesan una creencia tanto en su promesa de gloria eterna como en su amenaza de castigo eterno y terrible estarían sumamente conscientes de ciertos asuntos. Específicamente, uno espera que ellos vean la necesidad de santidad para recibir la promesa antes mencionada, y de un Salvador para que los liberte de su pecado y su castigo: el infierno. La certeza de entrar a ese mundo nunca visto y lo próximos que cualquiera de nosotros puede estar a ese paso, en cualquier momento, debería producir un esfuerzo enérgico y duradero para moderar tales peligros, y llevar el peso de esas cosas, que de otra manera sería insoportable. Sin embargo, este no es el caso para la mayoría, quienes se preocupan muy poco por tales asuntos —o, al menos, no tienen sentido de su gravedad— que no hallan ni tiempo en sus horarios ni espacio en su corazón para ellos. En cambio, oyen de ellos como si fuera una tierra extraña en la que no tienen interés personal ni han pensado visitar. Su negativa casual para prepararse para lo inevitable y su enfoque en el mundo presente y en su vida en él, les sugieren que bromeen[3] o que estén medio despiertos cuando admitan que algún día ellos mismos morirán. Cuando sus propios amigos mueren y son enterrados, y ellos miran fijamente a la cruda evidencia de

---

3. Cf. Gen. 19:14: "Entonces salió Lot y habló a sus yernos, los que habían de tomar sus hijas, y les dijo: Levantaos, salid de este lugar; porque Jehová va a destruir esta ciudad. Mas pareció a sus yernos como que se burlaba".

la muerte, ellos mismos se comportan como si estuvieran en un sueño, como si su propia muerte no podría estar cerca. Si supiéramos cómo despertar a tales pecadores, ellos volverían en sí, por así decirlo, y pensaría de manera muy diferente sobre tales asuntos importantes. Su cambio de mentalidad serio se manifestaría rápidamente por un tipo de vida muy distinto. No obstante, Dios despertará a cada uno con el tiempo, incluyendo a quienes están ahora menos inclinados a ello, por medio de la gracia o el castigo.

Es exactamente debido a que un corazón duro constituye gran parte del error y la miseria del no convertido, y debido a que un corazón suave y tierno es muy integral a la naturaleza nueva tal como Cristo lo prometió, que algunos que son recién convertidos imaginan que nunca podrán exagerar su tristeza recién encontrada por el pecado. Más bien, tienen tanto temor a tener un corazón endurecido que terminan siendo casi tragados vivos por una tristeza excesiva y exagerada. Aunque esta tristeza excesiva puede ser por pecados verdaderos, pasados o presentes, es una virtud peligrosa, por así decirlo, y como tal, ninguna en absoluto. Llevar una tristeza así de excesiva como una insignia de honor o como evidencia de la responsabilidad, o fallar en entender el peligro de una actitud tan equivocada conduce a más errores. Algunos se han imaginado que solo aquellos cristianos que tienen más dudas, temores y tristeza —y que muy probablemente sean más lúgubres y estén quejándose constantemente, son verdaderamente sinceros en la fe. Esto representa un error muy serio.

¿Cuándo es excesiva la tristeza?

1. La tristeza es excesiva cuando surge de premisas falsas. Cualquier tristeza es excesiva si ninguna parte de ella es apropiada, y una gran tristeza es excesiva si no está en proporción con la causa verdadera. Si uno cree que es un asunto de responsabilidad lograr lo que no es una responsabilidad en absoluto, pero se siente culpable de haber dejado eso sin hacer, esto es culpa causada

por error. Muchos se han sentido muy culpables porque se hallan incapaces de orar con suficiente fervor o durante lo que ellos consideran duración suficiente, porque no tienen ni la capacidad ni el tiempo. Otros se han sentido culpables por no señalar el pecado en los demás, cuando la necesidad real era por instrucción sabia e intimidación cuidadosamente formulada en vez de una represión formal. Otros más, se vuelven obsesionados con una sensación de pecado cuando, durante su día laboral, piensan en cosas "no espirituales" necesarias para su trabajo en vez de pensar en Dios.

Esta sensación de culpabilidad se deduce de la superstición, cuando los individuos ponen sobre sí mismos responsabilidades religiosas que Dios nunca les requirió, y no han logrado cumplir estas obligaciones autoimpuestas. Otros han llegado a convencerse falsamente de que lo que una vez consideraron como una doctrina verdadera puede ser falsa, y entonces están confundidos e imagina que están obligados a renunciar como falso lo que habían tenido por mucho tiempo como verdadero. Algunos llegan a preocuparse con cada bocado de alimento que comen, con lo que visten y con lo que dicen. Por consiguiente, desarrollan un sentido del bien y el mal invertido, piensan que lo bueno que hacen es pecaminoso e inevitablemente exageran las imperfecciones menores como si fueran crímenes horrendos. Estos representan ejemplos de dolor y culpa que no tienen una causa válida y por lo tanto son exagerados.

2. La culpa es excesiva cuando es autodestructiva ya sea en sentido físico o intelectual. La naturaleza requiere ser tomada seriamente, y gozarla requiere un ejercicio apropiado de responsabilidades ligadas a una vida sana. Sin embargo, claramente, tal gravedad y las responsabilidades asociadas no deben entenderse por separadas o juntas ni implementadas en una manera que sea dañina para el bienestar de uno. Así como las leyes civiles, eclesiásticas y familiares están diseñadas, en cada ámbito, para

edificación y no para su destrucción, así también la disciplina personal es para el bien de uno, no para el detrimento. Tal como Dios ha declarado su preferencia por la misericordia sobre el sacrificio, está claro que no debemos usar la religión como excusa para dañarnos a nosotros mismos ni a nuestros prójimos. Se nos dice que amemos a nuestro prójimo como a nosotros mismos. El ayuno, por ejemplo, podría considerarse una responsabilidad solamente hasta donde promueva un buen específico (tal como expresar humildad o ganar el control de una tentación en particular). De la misma manera, la tristeza es excesiva cuando hace más daño que bien. Pero ahondaremos en este asunto específico más adelante.

Cómo la tristeza excesiva vence a una persona

Cuando la tristeza abruma a alguien que está consciente de ser un pecador, es exagerada y debe ser vencida, tal como en los siguientes ejemplos:

1. Las facultades mentales de una persona podrían estar disminuidas debido al pesar y la preocupación, así que el juicio está corrompido y pervertido, y por lo tanto, no se puede confiar en ellos. De manera similar, como alguien en un arranque de ira, una persona en gran temor y confusión piensa cosas, no como son realmente, sino como estado emocional consternado se las presenta. En cuanto a Dios y la religión, al estado de su propia alma y su comportamiento o sus propios amigos o enemigos, su juicio no es digno de confianza porque está discapacitado. Si en algo pudiera confiársele, podría confiarse en que es más probablemente falso que certero. Es más bien como tener los ojos seriamente hinchados y todavía pensar que lo que se ve a través de esos ojos representa el verdadero estado de las cosas. Así que cuando la razón es vencida por la tristeza, entonces la tristeza en sí es exagerada.

2. La pena excesiva evita que uno pueda gobernar sus propios pensamientos. Tales pensamientos tienen la garantía de ser tanto

pecaminosos como angustiantes. La pena conduce esos pensamientos como si estuvieran en una corriente. Sería más fácil mantener sin movimiento a las hojas de un árbol durante un vendaval que calmar los pensamientos en aquellos que están trastornados. Si uno emplea la razón como un esfuerzo para mantenerlos apartados de los temas agonizantes o para dirigirlos a asuntos más placenteros, es improductiva. La razón por sí sola no tiene poder contra la sarta de emociones violentas.

3. Tal tristeza abrumadora podría tragarse a la misma fe y evitar fuertemente su ejercicio. El evangelio nos pide que creamos en las cosas que consisten en un gozo indescriptible; es muy difícil que un corazón abrumado por la tristeza pueda creer que cualquier cosa que sea gozosa sea cierta, mucho menos creer en cosas tan verdaderamente gozosas como el perdón y la salvación. Aunque no se atreve a llamar mentiroso a Dios, a la persona muy abrumada se le dificulta creer en que las promesas de Dios se dan gratuitamente y en abundancia, o que Dios está listo para recibir a todos los pecadores que se arrepienten y vuelven a Él. Por lo tanto, un pesar así causa sentimientos que están en desacuerdo con la gracia y las promesas del evangelio, y estos sentimientos en sí mismos interfieren con la fe.

4. La tristeza excesiva interfiere con la esperanza aún más que con la fe. Esto sucede cuando aquellos que se consideran creyentes perciben la Palabra de Dios y sus promesas como ciertas y aplicables *a todos excepto a ellos mismos*. La esperanza es esa gracia por medio de la que uno no solo cree las afirmaciones del evangelio, sino que también descansa en el consuelo de que esas promesas del evangelio le pertenecen específicamente, no solo en general. Es un acto de aplicación. La primera acción de la fe es reconocer que el evangelio es verdad y que promete misericordia y gloria futura a través de Cristo. La segunda acción es cuando esa fe dice, por así decirlo, "yo confiaré *mi* alma y *mi* todo en ese evangelio y aceptaré a Cristo para que sea *mi* Salvador y *mi*

auxilio". Entonces, la esperanza mira con expectación a esa salvación que proviene de Él. Sin embargo, la melancolía, la tristeza excesiva y el desaliento apagan tal esperanza, como el agua apaga el calor del fuego o del hielo. La desesperación es la esencia de tal oposición a la esperanza. Los deprimidos quisieran tener esperanza para sí mismos, pero se hallan incapaces de hacerlo. Sus pensamientos sobre tales temas están llenos de sospecha y recelos, y entonces, ven un futuro de peligro y miseria y se sienten inútiles. En ausencia de la esperanza, la cual se nos asegura ser el ancla misma del alma, no es de sorprenderse que las tormentas de la vida los lancen continuamente de un lado a otro.

5. Tal sensación exagerada de pesar consume cualquier esfuerzo que uno pudiera encontrar en la bondad y el amor de Dios, e interfiere con el amor hacia Dios. Dicha interferencia es un enemigo contra llevar una vida santa. Es casi imposible, para alguien muy trastornado, comprender la bondad general de Dios, y aún más experimentarlo a Él así de bueno y amigable en un sentido personal e íntimo. Un alma así se halla, por así decirlo, como un hombre en el desierto del Sahara, lleno de llagas por el sol intenso, a punto de morir de deshidratación y cansancio. Aunque él puede admitir que el sol es la fuente de vida sobre la tierra y una bendición general para la humanidad, él solamente está consciente de la miseria y la muerte que le trae. Aquellos abrumados por la tristeza y la culpa admitirán la bondad de Dios hacia los demás, pero lo experimentarán a Él como un enemigo preparado para destruirlos. Ellos piensan que Dios los odia, que los ha abandonado, que está finalmente determinado a rechazarlos, que lo ha decidido desde antes de los tiempos, y que los ha creado específicamente para el propósito particular de la condenación. A ellos les parecería casi imposible amar a un ser humano que los calumnió, oprimió, o que les hizo daño de alguna manera; hallan más difícil aún amar a un Dios que, según creen, intenta condenarlos, y que les ha cortado todos los medios para su escape.

6. De aquí se deduce, como era de esperarse, que estos sentimientos desordenados conducen a un punto de vista distorsionado y altamente perjudicial de la Palabra de Dios, sus obras, su misericordia y sus disciplinas. La persona deprimida escucha o lee la Escritura como si estuviera dirigida a sí misma en lo personal: cada lamento y cada juicio amenazante lo toma como si fuera para ella. Sin embargo, se excusa de todas las promesas y versículos de consuelo, como si ella hubiera sido excluida de ellos personalmente por nombre. Entonces, halla las misericordias de Dios como muy circunscritas, como que no hay misericordia para ella en absoluto, como si Dios las mostrara solo para burlarse de ella y hacer que sus pecados sean menos excusables, el juicio pendiente mucho más pesado y su condenación inevitable incluso más catastrófica.[4] Dios endulza el veneno y el odio bajo un amor pretendido, con la intención de darle a la persona un lugar peor en el infierno. Si Dios la corrige, ella se imagina, no que está siendo guiada hacia el arrepentimiento, sino que Dios la está atormentando antes de tiempo. Repito, estas almas desanimadas usan el lenguaje de perdición, como lo hicieron aquellos demonios que Cristo confrontó: "Y clamaron diciendo: '¿Qué tienes con nosotros, Jesús, Hijo de Dios? ¿Has venido acá para atormentarnos antes de tiempo?'" (Mateo 8:29).

7. Está claro que tales pensamientos destruyen la gratitud. Lejos de ofrecer un agradecimiento sincero, las personas excesivamente tristes le reprochan a Dios por sus supuestas misericordias, como si estas fueran crueldades.

8. Este razonamiento trastornado está totalmente opuesto al gozo ofrecido en el Espíritu Santo y la paz asociada que constituye el reino de Dios. Para estos individuos miserables, nada es gozoso. Deleitarse en Dios, en su Palabra y en sus caminos es la prueba y la esencia de la espiritualidad verdadera. Pero aquellos

---

4. Tal persona malversa palabras para sí mismo que solo se habían dicho sobre Judas: "Bueno le fuera a ese hombre no haber nacido." (Mateo 26:24).

que no pueden deleitarse en nada, ya sea en Dios o en su Palabra o en su responsabilidad para con Él son como un hombre enfermo que ingiere su comida obligadamente por necesidad y a pesar de su náusea y su asco.

9. Lo anterior demuestra que la enfermedad a la que llamamos melancolía —depresión— está en contra del sentido mismo del evangelio. Cristo vino como Salvador para libertar a los cautivos, para reconciliarnos con Dios, y para traernos "buenas nuevas" de perdón y gozo eterno. Este mismo evangelio, donde se le reciba, trae gran regocijo, ya sea proclamado por los ángeles o por los seres humanos. Sin embargo, bajo la influencia de la depresión, todo lo que Cristo ha logrado, comprado, ofrecido y garantizado parece ser solamente de dudosa reputación e, incluso cuando es verdad, una causa más para entristecer que para alegrarse.

10. Este padecimiento es fácilmente explotado por Satanás para introducir pensamientos blasfemos sobre Dios, como si Dios fuera malo, y para odiar y destruir a quienes anhelan complacerlo. El diseño del diablo es presentarnos a Dios como siendo el maligno mismo, quien es de hecho un enemigo malvado que se deleita en causar dolor. Ya que el hombre odia al diablo por su resentimiento, ¿no lo animaría él a odiar y blasfemar contra Dios? ¿Pudo el diablo convencerlo de que Dios es peor en sus intenciones que él, Satanás mismo? La adoración de Dios a través de imágenes es detestable para el Señor ya que parece reducirlo a la creatura usada para representarlo. ¡¿Cuánto más blasfemo, entonces, es para Él ser representado como un demonio malvado?! Los pensamientos diminutos, básicos, con relación a la bondad de Dios, así como de su grandeza, son altamente insultantes para Dios, como lo sería pensar de él en alguien no más digno de confianza ni mejor que un padre terrenal o un amigo. ¿Cuán peor son las imaginaciones de aquellos con pensamientos trastornados? Sería insultante para los ministros rectos del evangelio describirlos como Cristo describió a los falsos profetas: espinas, cardos y

lobos. ¿Acaso no sería mucho peor crimen tener pensamientos incluso más infames sobre Dios mismo?[5]

11. Esta tristeza excesiva hace a la gente incapaz de tener una meditación constructiva. Confunde sus pensamientos y los lleva a distracciones y tentaciones dañinas. Mientras más reflexionan, más abrumados se vuelven. La oración está corrompida por simples reclamos, en vez de súplicas que surgen de una creencia como de niño. Predispone a los individuos hacia las reuniones con el pueblo de Dios y los incapacita para obtener consuelo de participar en el sacramento de la Comunión. En cambio, ellos temen participar indignamente apresurando e incrementando su propia condenación. La predicación y el consejo también se vuelven ineficaces de cara a tales pensamientos; no importa lo que usted diga o cuán convincente es en ese momento, no tiene efecto alguno sobre ellos o solamente uno momentáneo.

12. Este trastorno aumenta la pesadez de cada sufrimiento fortuito, cayendo como lo hace sobre uno que ya está en agonía, que no puede hallar consuelo para compensar esa miseria. En efecto, el deprimido no puede siquiera encontrar consuelo en el prospecto de la muerte, ya que les parece solo la puerta del infierno mismo. La vida es pesada, pero la muerte es aterradora. Ellos están cansados de la vida, pero temen morir. Así, esta tristeza exagerada abruma al individuo.

Causas y remedios

Pregunta: ¿Cuáles son las causas y las curas de esta tristeza y culpabilidad excesivas y erróneas?

Respuesta: Para muchos individuos, la mayor parte de la causa se encontrará en perturbaciones fisiológicas, enfermedades

---

5. Tolkien expresa disposición innata para denigrar y despreciar lo bueno (y la alegre facilitación de Satanás de ese desprecio) a través del trágico personaje de Boromir, quien, bajo la influencia del malvado, falsamente acusa a su fiel y verdadero compañero de traición: "¡'Malvado embustero!', gritó, 'te las verás conmigo. Ahora veo tu mente'". (J. R. R. Tolkien, *The Fellowship of the Ring* [New York: Houghton Mifflin Harcourt, 2002], libro 2, cap. 10).

físicas y "debilidad" general.⁶ El alma no puede encontrar consuelo en ningún grado satisfactorio. Aquí, nuevamente, debe enfatizarse que cuanto más inevitablemente surge la condición de procesos fisiológicos no vistos, más allá de la decisión y el control del individuo, menos pecaminoso y menos peligroso es ese estado para el alma, aunque no es menos confuso, sino que podría ser más complejo porque parece no tener causa demostrable.

Tres enfermedades particulares

En particular, tres enfermedades parecen provocar tristeza excesiva.

1. Algunas consisten en un dolor muy intenso y violento que no puede soportarse. Ya que esto no es generalmente de larga duración, no hablaremos mucho de ello aquí.

2. Otras implican una reactividad emocional fuerte por naturaleza, y la falta de una capacidad para moderar esa reactividad se considera causativo. Muchas veces, las personas muy ancianas, que están incapacitadas están propensas a mostrar un temperamento enfermo y volátil. Los niños, en el otro extremo del espectro de la edad, no pueden evitar llorar cuando les duele. Muchas mujeres adultas (así como algunos hombres) también son fácilmente provocadas emocionalmente, y solo con dificultad vuelven a recuperar la compostura. Ellas tienen poco autocontrol con relación a esto, y aunque son temerosas de Dios, tienen un entendimiento muy sólido y tienen un pensamiento rápido, están casi indefensas contra las emociones como el enojo y el pesar (pero especialmente el temor) como podría imaginarse de cualquier otra persona.

Temperamentalmente, están predispuestas a un descontento ansioso y temeroso. Aquellas que no están realmente deprimidas, son, sin embargo, propensas a una inmadurez de carácter con

---

6. Este término arcaico y no específico pudo haber servido para cubrir la ignorancia de los doctores ante las causas verdaderas del problema.

una manera mórbida e impaciente, de manera que siempre están desconcertadas, ofendidas o asustadas por una cosa u otra. Son como la hoja de un árbol de álamo temblón, puestas en marcha y temblando con las más leves vicisitudes de la vida. El más sabio y paciente no puede satisfacer y calmar a una persona así. Más bien, ellas se sienten ofendidas con una sola palabra o mirada, o se asustan con cada noticia triste, o se sobresaltan con cualquier ruido. Algunas son como niñas que no pueden dejar de llorar hasta que se cumplan todas sus exigencias. Tan triste como es esto para quienes deben tolerarlas, debe entenderse que es aún más triste para quienes sufren directamente de estos síntomas miserables. Habitar con el enfermo en el luto reciente es menos desafiante. Sin embargo, a menos que se haya perdido completamente la razón, estos casos no son imposibles; tampoco absuelven a los individuos de toda responsabilidad personal.

3. Sin embargo, cuando la razón se pierde en gran parte a través de una enfermedad verdadera, la recuperación se hace más difícil y larga. Cuando aquellos ya propensos a las emociones volátiles y a una disposición nerviosa se vuelven seriamente deprimidos, la combinación del temperamento y la enfermedad duplica la desgracia resultante.

Revisemos las señales de la depresión y la ansiedad severas

He descrito varias veces la naturaleza general de la depresión y la ansiedad severas en alguna parte, pero las revisaremos aquí.

1. Una mente afligida e inquieta se vuelve una condición crónica e incesante en la cual los individuos ven poco o nada excepto temor y preocupación. Todo lo que escuchan y hacen tiende a alimentar sus temores. Los peligros parecen rodearlos, de tal manera que todo lo que leen y escuchan les roba todo placer. Pensamientos irritables los mantienen despiertos durante la mayor parte de la noche, y luego, cuando logran dormir, las pesadillas los reciben. Se ofenden por la risa o la alegría de los demás, pero

consideran que la peor situación de un mendigo es mejor que la propia. No pueden imaginar a nadie más en una situación tan mala como la de ellos, aunque veo hasta dos o tres en una semana, o incluso en un día, con circunstancias tan similares que uno pensaría que son lo mismo. No se complacen en tener amigos, familia, hogar, o cualquier otra cosa. Insisten en que Dios los ha abandonado, que el día de la gracia es pasado y que ya no hay más esperanza. Creen que no pueden orar, aunque esto no les impide gritar y aullar, incluso mientras sostienen que Dios no los escuchará. Se rehúsan a creer que poseen alguna sinceridad o gracia; dicen que no pueden arrepentirse y no pueden creer; y piensan que su corazón está endurecido. Tienen miedo de haber pecado contra el Espíritu Santo. En resumen, su estado mental constante es de temor, confusión y al borde de la desesperación.

2. Si logra convencerlos de que manifiesten algunas evidencias de sinceridad, y de que sus temores, por lo tanto, no tienen fundamento y son inofensivos para ellos y deshonrosos para Dios, ellos no pueden discrepar, pero no encuentran consuelo, o por lo menos, no uno que dure. Consuélelos tanto como quiera, los temores regresarán muchas veces, y rápidamente, porque la causa de sus temores está en su enfermedad física, no en su confusión teológica.

3. Su desgracia viene de lo que ellos no pueden evitar pensar. Sus pensamientos fluyen de la enfermedad. Podría con la misma facilidad tratar de persuadir a alguien de que no tiemble cuando tiene escalofrío, o que no sienta dolor cuando está lesionado, como en tratar de impedirles que tengan los pensamientos que tienen. Es inútil ordenarles que detengan lo que están tan por encima de su control, y es cruel dejar de reconocer cuándo han sucumbido a la enfermedad y se han vuelto cautivos de los pensamientos que abandonarían si tan solo pudieran. Así como va, ellos están atormentados —a veces, día y noche— por los pensamientos psicóticos de los que no pueden escapar.

4. Cuando estos síntomas llegan a estar muy bien afianzados, estas personas reportan sentir una presencia de algo a su lado, digamos, hablándoles de varias cosas, dirigiéndolos a hacer esto o lo otro. Relatarán que en un momento le dice una cosa y en otro momento algo diferente, y solo con gran dificultad, si acaso, creerán que las voces son producto de su propia enfermedad e imaginación trastornada.

5. En estos casos, ellos están inusualmente propensos a creer que son receptores de revelaciones divinas. Sin importar lo que entre en su mente, ellos toman su llegada como una epifanía. Podrían decir: "Este versículo de la Escritura vino a mi mente en este momento", y "este versículo en tal momento vino a mi mente", cuando, de hecho, su entendimiento de ellos fue distorsionado, o la aplicación que se hizo de ellos fue errónea, o quizás, ellos unieron varios textos, pero los aplicaron a conclusiones contradictorias, como si uno diera esperanza, pero el otro la quitara.

De manera similar, algunos se convencen de que Dios les ha revelado profecías de eventos futuros, hasta que dichos presagios son superados por eventos que comprueban su falsedad, para vergüenza de estos individuos.

Algunos, se vuelven hacia errores claros en asuntos religiosos —es decir, herejía— y creen que Dios respalda tales creencias; y llegan a estar sólidamente convencidos de tales errores. De hecho, se ha observado que algunos que una vez estuvieron crónicamente ansiosos han obtenido paz y gozo por esos cambios de creencia, lo cual refuerza su convicción de que ellos con toda seguridad deben estar ahora en el camino de Dios y que su falta de paz anterior puede tomarse como evidencia de haber estado equivocados. De estos, he conocido a muchas personas que obtuvieron consuelo de posiciones completamente contrarias a las que habían tenido por mucho tiempo. Algunos se han alejado tanto de los formalistas (papistas) y supersticiosos que se han convertido en anabautistas, antinomianos, armenianos, perfeccionistas o cuáqueros; algunos se han vuelto de todas las formas de cristianismo a la infidelidad y, negando la vida después de la muerte, han vivido en promiscuidad licenciosa. Estos herejes y apóstatas escapan de sus tristezas por sus acciones, por lo que no son el tipo de individuos a quienes ahora dirijo mis comentarios.

6. Sin embargo, aquellos que están más tristes y, paradójicamente, mejor por eso, al sentir este ruido que se mueve dentro de ellos, muchas veces están seguros de que sufren una posesión demoniaca o que, cuando menos, están bajo un hechizo maligno, de lo cual hablaré más adelante.

7. De estos últimos, la mayoría son agresivamente perseguidos por la intromisión de pensamientos blasfemos, ante lo cual realmente se estremecen, aunque no pueden evitar que entren en su mente. Ellos son tentados y están obsesionados por dudas respecto a la Escritura, al cristianismo y a la vida eterna, o a pensar mal de Dios mismo. Otras veces, están llenos de ansia por blasfemar contra Dios, por renunciar a Él, y aunque tiemblan de solo pensarlo, este pensamiento los persigue constantemente; y algunos realmente ceden a los pensamientos y lo dicen en voz alta. Al haberlo hecho, escuchan una voz interna que dice: "Ahora, tu condenación está sellada. Has pecado contra el Espíritu Santo. ¡Ya no hay esperanza!".

8. Cuando las cosas continúan de esta manera, en su desesperación, muchos han hecho votos de no volver a hablar nunca, o de no comer nunca más, y algunos, de hecho, se han privado de comer hasta morir.

9. En un estado de desesperación y al borde de la muerte, muchos han reportado apariciones de varias personas, pero especialmente de luces confusas durante la noche, alrededor de su cama. A veces, están seguros de escuchar voces o de sentir a alguien tocándolos o haciéndoles daño.

10. Evitan la compañía de los demás y no pueden tolerar nada excepto permanecer solos meditando sombríamente.

11. Descuidan su trabajo y no pueden ocuparse en atender sus responsabilidades claras y evidentes con alguna consistencia.

12. Cuando su condición llega a su extremo final, se tornan cansados de la vida misma y están fuertemente tentados a suicidarse. Por así decirlo, los persigue una fuerte ansiedad por ahogarse, degollarse, colgarse o saltar desde una gran altura. Lamentablemente, muchos han hecho exactamente eso.

13. Si logran escapar de un destino tan terrible, quedan, no obstante, en un estado de desgracia e incompetencia.

Entonces, usted puede ver cuáles son los síntomas dolorosos y los efectos de la depresión seria y, así, cuán importante es prevenirla o ser sanado de ella tan pronto como sea posible, mucho antes de que alcance la etapa final como se ha descrito antes. En este punto crítico, es necesario que responda a una pregunta frecuente, específicamente: ¿Son tales síntomas manifestaciones de una posesión demoníaca o no? ¿Y cuánto de lo ya mencionado puede ser atribuido a Satanás?

La controversia de la posesión demoníaca

Para la persona deprimida, que sinceramente quiere saber, debo decir que una estimación precisa de la intervención del diablo puede, en realidad, ser más tranquilizadora que perturbadora.

Antes que nada, debemos definir qué se quiere decir por posesión demoníaca, ya sea del cuerpo o del alma. No es sencillamente la presencia local de Satanás o sus secuaces, o de su residencia en un hombre lo que representa la posesión. En realidad, sabemos poco del grado de su presencia en un hombre malo a diferencia de un hombre bueno. Lo que es relevante es el grado al cual él ejerce su poder sobre alguien a través de medios operacionales efectivos. Por ejemplo, el Espíritu de Dios está presente con incluso el peor de los hombres y ejerce influencias dirigidas al bien en el alma del impenitente; pero es una influencia residente y poderosa en el alma de un creyente devoto, y se dice, con razón, que habita en este último, a fin de "poseerlo" en términos de propiedad a través de la devoción y el amor. Así también, Satanás hace mociones demasiado frecuentes hacia los fieles de Dios, pero ejerce "propiedad", por así decirlo, solamente en las almas de aquellos cuyos hábitos están entregados a la incredulidad y la sensualidad.

De manera similar, Dios le permite al diablo infringir persecuciones, sufrimientos y enfermedades comunes sobre los justos sin que sea culpa suya. También es el ejecutor de Dios de sufrimientos extraordinarios, que afectan especialmente al cerebro, al privar a las personas del sentido y el entendimiento, trabajando adicionalmente en las bases puramente fisiológicas de la enfermedad. A esto puede llamársele posesión.

Como la mayoría de las influencias en el alma tienen a Satanás como su padre, pero a nuestros propios corazones como su madre, así que es útil concebir que la mayoría, o por lo menos, muchas enfermedades físicas provienen de Satanás, en el sentido de que Dios las permite (como en el caso de Job), aunque las enfermedades también tienen causas directas dentro del propio cuerpo. Aunque nuestras propias faltas y predisposiciones, las épocas, el clima y los accidentes pueden ser causas de enfermedades, Satanás podría estar operando detrás de todo esto.

Cuando la operación de Satanás es tan directa que nos referimos a ella como una posesión, él podría todavía obrar por medio de las debilidades corporales, aunque, a veces, se sabe que funciona bastante por encima del poder de cualquier enfermedad en sí, como cuando aquellos hablan espontáneamente en idiomas extraños no aprendidos, y quienes están evidentemente bajo algún encantamiento vomitan lo que es claramente hierro o vidrio u otra substancia extraña. Por otro lado, él a veces se conforma con trabajar simplemente a través de la enfermedad en sí, como en el caso de las epilepsias y las psicosis.

Revisemos las causas espirituales y las confusiones

A partir de esta situación complicada, lo siguiente debería estar claro, por lo menos.

1. Si Satanás posee el cuerpo, eso no es una señal segura de que la gracia esté ausente, tampoco dicha posesión condenará al alma si esta no está poseída. No, algunos de los hijos de Dios no están, en ocasiones, afligidos por Satanás como un medio de Dios para corregirlos y a veces probarlos, como lo fue en el caso de Job. Aunque algunos podrían decir lo contrario, la espina en la carne de Pablo, descrita como un mensajero de Satanás para afligirlo, parece haber sido alguna dolencia *física*, como un cálculo renal, del cual no se proporcionó un alivio permanente, aunque se oró tres veces. En cambio, a Pablo se le prometió gracia suficiente para soportar lo que debe haber sido una prueba muy difícil.

2. La posesión de Satanás de un alma impía es una situación miserable y mucho peor que su posesión del cuerpo solamente. No obstante, no debe tomarse toda inclinación al mal o al pecado como representante de dicha posesión, porque nadie es perfecto ni está libre de pecado.

3. Ningún pecado en particular demuestra la propiedad duradera y condenatoria de Satanás, excepto aquel pecado que es más amado que odiado, al que uno prefiere aferrarse en lugar de librarse de él y eso, incluso, voluntariamente y no a regañadientes.

4. Esto debería ser de gran consuelo para las almas deprimidas, pero honestas, si tienen el entendimiento para recibirlo: de todos, nadie tiene tan poco amor por sus pecados como aquellos que gimen bajo el peso oneroso de ellos. Permítame preguntarle: ¿aprecia su incredulidad, sus temores, sus pensamientos distraídos, sus tentaciones para blasfemar? ¿Preferiría librarse de ellos o aferrarse a ellos? El orgulloso, el ambicioso, el sexualmente inmoral, el borracho, el apostador, el chismoso ocioso, el extremadamente autocomplaciente: todos estos aman sus pecados y no desean dejarlos ni lo harán. Como Esaú, que vendió su primogenitura por

un bocado de comida, ellos arriesgarán perder a Dios, a Cristo, su alma y el cielo antes de dejar la pocilga del pecado. ¿Pero es este su caso? ¿Disfruta el estado en que está? No, usted está muy cansado y harto de eso, tan agotado y cargado que está literalmente llamado a venir a Cristo en busca de consuelo (Mateo 11:28-29).

5. Digamos que es un procedimiento de operación estándar que el diablo acose, con tentaciones molestas e indeseables, a quienes no puede vencer con tentaciones atractivas y condenatorias. De la misma manera en que el diablo levanta externamente tormentas de persecución en su contra una vez que ellos logran escapar de sus trampas engañosas, del mismo modo los ataca por dentro, hasta el grado que Dios se lo permite.

Evidencia de la intervención satánica
No negamos que Satanás ha recibido libertad en la vida de las personas deprimidas.

1. Sus tentaciones son, a veces, la causa inmediata del pecado por el cual Dios corrige al individuo.

2. Muchas veces, su obra es evidente en un desequilibrio fisiológico en el cuerpo.

3. Como tentador, él es la causa principal de los pensamientos pecaminosos e irritantes, de las dudas, de los temores y de la confusión emocional de lo cual la depresión puede considerarse como una causa secundaria. El diablo puede hacer con nosotros, no lo que a él le da la gana, sino lo que nosotros le permitimos. Él no puede romper nuestras puertas, por así decirlo, pero podrá entrar libremente si nosotros las dejamos abiertas. Por lo tanto, puede resultarle fácil tentar a un individuo obeso, fuera de forma, a la pereza; a un individuo sano y de "sangre caliente" a la lujuria; a uno dado a la gratificación a caer en glotonería, embriaguez, o ambas; y al joven aburrido a desperdiciar el tiempo ociosamente con juegos o simplemente pasando el rato. Por otro lado, algunos individuos, debido al temperamento, pero sin

crédito propio, sencillamente no son tentados en estos asuntos.⁷ Sin embargo, si el enemigo puede empujarlo a la depresión, se le facilitará tentarlo a estar agitado y temeroso, a tener dudas y pensamientos distractores, a quejarse contra Dios y a la desesperación. A partir de allí, el recorrido es corto para creer que está vencido y empezar a tener pensamientos blasfemos acerca de Dios. O, en el extremo opuesto, a veces sucede que los individuos imaginan que se han convertido en receptores exaltados de los dones de revelación y profecía.⁸

4. Sin embargo, me apresuro a añadir que Dios imputará las tentaciones del diablo, no a usted, sino al diablo, sin importar cuán horribles sean, siempre y cuando las rechace y las odie. De manera similar, usted no será responsabilizado por los efectos nocivos, inevitables de una enfermedad física, y no más de lo que Dios condenaría a un hombre por los pensamientos o las palabras alucinantes dichas en un delirio o psicosis franca. No obstante, al grado en que usted retenga su razón y una voluntad para gobernar sus emociones, debe usar su razón y voluntad como pueda. Si no lo hace, es su culpa; sin embargo, las condiciones que lo dificultan ciertamente hacen que la falta sea menos reprochable.

Causas mundanas y usuales de la depresión

Sin embargo, es típico que otras causas den lugar a la enfermedad de la melancolía (excepto en individuos propensos a ella). Por consiguiente, antes de abordar su cura, hablaré más de sus causas.

Entre las causas más comunes están la impaciencia, el descontento y la preocupación pecaminosas derivadas de una devoción

---

7. C. S. Lewis mencionó en el prefacio de "Mero Cristianismo" [*Mere Christianity*] que él nunca había sido tentado por algunos pecados en particular, y por lo tanto, él no se sentía calificado para dar consejo por ciertos pecados a los que no había sido expuesto ([New York: Macmillan, 1960], 12).

8. Se observan ambos extremos y ambos están igualmente equivocados.

indebida a algún interés temporal y de la incapacidad de someterse a la voluntad de Dios, de confiar en Él y de considerar seriamente al cielo como una recompensa satisfactoria.

Es necesario utilizar muchas palabras para comunicar la naturaleza verdaderamente complicada de esta enfermedad de las almas. Los nombres escogidos insinuarán que representa la confluencia de muchos pecados, los cuales, al considerarlos individualmente, no son cánceres pequeños. Si fueran estos la inclinación y el hábito predominantes del corazón y de la vida, serían señales de un estado sin la gracia de Dios. Sin embargo, debido a que estos pecados son odiados y no son mayores que la gracia, y a que nuestra porción celestial es más valiosa e intencionalmente escogida que la prosperidad terrenal, podemos creer que la misericordia de Dios, a través de Cristo, perdonará esos pecados y nos librará finalmente de todos ellos. No obstante, es apropiado que incluso un pecador perdonado permanezca consciente de la grandeza de su pecado para que él no pueda ser ni parcial ni malagradecido por el don del perdón.

Discutiré explícitamente los aspectos de este pecado que hace que muchos sean llevados a la depresión funesta.

Se da por sentado que Dios prueba a sus siervos a través de varios sufrimientos en esta vida, y que Cristo quiere que llevemos nuestra cruz y lo sigamos con paciencia sumisa. Algunos son probados a través de enfermedades dolorosas; otros, por medio del maltrato en manos de enemigos; algunos, a través de la maldad de amigos; y otros más, por medio de familiares y vecinos difíciles y provocativos. Otros sufren difamación, a veces con persecución verdadera, y muchos sufren pérdidas, decepciones y pobreza.

Las tendencias de la carne
1. Muchas veces, la impaciencia es la semilla de la condición pecaminosa. Por naturaleza, somos demasiado propensos a velar por la carne y, por consiguiente, demasiado débiles para soportar

cargas pesadas. La pobreza les añade a esas pruebas un peso que las personas confortablemente adineradas no experimentan; tampoco sienten lástima de quienes lo sufren. Dos situaciones son particularmente agravantes.

a. Una es cuando los hombres son responsables, no solo de sí mismos, sino también de su esposa y sus hijos.

b. La otra es cuando tienen deudas. Esta es una carga pesada para el prestatario no sofisticado, aunque los prestamistas inescrupulosos actúan como si fuera un problema pequeño. Cuando se enfrentan a tales restricciones y pruebas, los hombres tienden a estar muy conscientes de la carga y de la impaciencia subyacente. Cuando ven que su familia carece de alimento, ropa, calefacción y otras necesidades, y no ven con claridad cómo suplirlas, y cuando los propietarios y otros acreedores los acosan para que paguen las deudas que simplemente no pueden atender, es difícil no desanimarse y de verdad difícil de soportar con una sumisión obediente a Dios. Esto puede ser particularmente difícil para las mujeres y otras personas vulnerables a las emociones fuertes.

2. La impaciencia se convierte en un descontento fijo y un espíritu inquieto, lo que afecta al cuerpo en sí y pesa todo el día como una carga o una molestia ininterrumpida en el corazón.

3. La impaciencia y el descontento atormentan los pensamientos de uno con tristeza y preocupaciones continuas. Los que están muy afectados pueden pensar poco en otra cosa, y estas preocupaciones devoran el alma y le son a la mente lo que una fiebre consumidora al cuerpo.

4. El principio o la causa escondida de todo esto es la mayor parte del pecado, el cual es amor excesivo por el cuerpo y por este mundo. Si no amáramos algo en exceso, no tendría poder para atormentarnos. Si no estuviéramos tan preocupados por la comodidad y la salud, hallaríamos al dolor y a la enfermedad menos difíciles de soportar. Si nuestro amor por los hijos y los amigos no fuera tan grandemente desproporcionado, su muerte

no nos abrumaría con una tristeza exorbitante. De la misma manera, si no pusiéramos demasiado énfasis el bienestar físico y la riqueza y la prosperidad del mundo, podría ser más fácil soportar las circunstancias duras, el trabajo difícil y las carencias, no solo de lujos y conveniencias, sino también de aquellas cosas necesarias para la salud o incluso la vida misma, si Dios así lo desea. Evitar el amor excesivo por estas cosas debería, por lo menos, ayudarnos a evitar irritaciones, descontentos, preocupaciones y una sensación exorbitante de tristeza y pérdida de paz.

5. Siempre hay pecado adicional en lo profundo de todos nosotros que demuestra que nuestra voluntad permanece demasiado egocéntrica y todavía no está debidamente sometida a la voluntad de Dios. Realmente, preferiríamos ser nuestro propio dios, hacer lo que elijamos y tener lo que deseamos. Carecemos de una renuncia apropiada de nosotros mismos y de nuestras preocupaciones ante Dios, y en vez de confiar como niños y ser completamente dependientes de él por nuestro pan diario, estamos en cambio más conscientes de una necesidad de aferrarnos a nuestro sentido de independencia.

6. Esta actitud demuestra que no hemos sido adecuadamente humillados por nuestros pecados. De otro modo, estaríamos agradecidos incluso por la situación más pequeña, y la reconoceríamos como mejor de lo que realmente deseamos.

7. Evidentemente, el descontento y la preocupación angustiante reflejan una gran cantidad de desconfianza e incredulidad hacia Dios. Somos capaces de confiar en Dios tanto como confiamos en nosotros mismos o en un amigo fiel, o como un niño confía en su padre, ¡cuán calmadas se volverían nuestras mentes al estar conscientes de la sabiduría de Dios, de su suficiencia absoluta y de su amor!

8. La incredulidad tiene consecuencias peores que las dificultades temporales. Demuestra que la gente no acepta realmente el amor de Dios y la gloria del cielo como suficiente. A menos que

obtenga lo que desea o desearían tener para su cuerpo mientras está en este mundo, y ser libres de pobreza y cargas, irritaciones, lesiones y dolor, ¡entonces, qué desastre! Pues luego todo lo que Dios le ha prometido, tanto ahora como en el más allá, será inadecuado. Cuando Dios, Cristo y el cielo son insuficientes para calmar la mente de uno, entonces uno está en pobreza desesperada de fe, esperanza y amor, que son más importantes que la comida y la ropa.

Pecado oscuro y deliberado

Una causa adicional de una mente afligida es la culpa verdadera de algún pecado grande y deliberado. La consciencia es redargüida, sin embargo, el alma no está convertida. El pecado es tanto apreciado como temido; la ira de Dios aterra, pero no tanto como para que el pecador deliberado venza al pecado. Algunos continúan en fraude y malversación secreta, muchos otros en borracheras o pornografía, de una o de otra forma, y sus vicios relacionados, así como también en inmoralidad sexual evidente. Aunque se dan cuenta de que son "cosas por las cuales la ira de Dios viene sobre los hijos de desobediencia",[9] la furia del apetito y la lujuria prevalece para que luego se desesperen y pequen. Aunque las chispas del infierno caen sobre su consciencia, esto no cambia su corazón y tampoco su vida. Hay más esperanza para la recuperación de estos que para los que tienen un corazón muerto o para los pecadores no creyentes, que ejercen su comportamiento vulgar con una especie de codicia que supera al arrepentimiento y son tan ciegos que defienden sus delitos y debaten conta la obediencia a Dios. La crueldad no es tan mala como la maldad diabólica. Sin embargo, estas no son las personas de quienes hablo en mi texto. Su dolor no es excesivo, sino muy pequeño, siempre y cuando no pueda disuadirlos de pecar.

Sin embargo, si Dios convierte a estas mismas personas, los

---

9. Col. 3:6, con notas al margen.

pecados en los que ahora viven (felizmente) pueden subsecuentemente, después de reflexionar, hundir sus almas en una tristeza tan profunda como para abrumarlos. De manera similar, cuando quienes se han convertido verdaderamente coquetean con la tentación del pecado y renuevan las heridas de su conciencia por medio de sus lapsos, no es de sorprenderse cuando vuelvan sus tristezas y temores. Los pecados oscuros se han apoderado de la conciencia de muchos y los han arrojado en una depresión incurable y perturbadora.

El papel de la ignorancia y el error

Sin embargo, entre quienes sí temen a Dios, se ve aun otra causa de depresión y tristeza excesiva: la ignorancia y los errores en asuntos esenciales para su paz y comodidad. Daré detalles sobre algunos.

1. Un error es una ignorancia respecto al significado en sí del evangelio, o pacto de la gracia, como los representan los libertinos (a veces denominados antinomianistas). Estos les aseguran peligrosamente a las personas que Cristo ha llevado a cabo el arrepentimiento y la creencia *por ellas*, y que no deben dudar más de su propia fe y arrepentimiento de lo que dudarían de la justicia de Cristo. Por consiguiente, muchos cristianos genuinos no logran entender que el evangelio trae un gozo indescriptible para todos los que creen en él y que Cristo y la vida se ofrecen gratuitamente para cualquiera que los reciba. Además, ningún pecado —por grande o numeroso, está excluido del perdón para quien, sin pretensión ni reserva, reciba el perdón. Todo el que desee beber del agua de vida puede hacerlo, y todo el que esté cansado y sediento está invitado a venir a Cristo para recibir consuelo y descanso.

Sin embargo, algunos parecen incapaces de entender los términos del perdón, que no son otra cosa más que aceptar el pacto salvador y perdonador del bautismo.

2. Muchos de estos también están equivocados respecto a cómo utilizar la tristeza por el pecado, y acerca de la naturaleza de la dureza del corazón. Ellos creen que si su tristeza no es muy vehemente como para resultar en lágrimas y en gran preocupación, ellos no deben ser susceptibles del perdón. Aunque aceptan el pacto del perdón, no se dan cuenta de que Dios recompensa, no la tristeza por el pecado en sí, sino la destrucción del orgullo. Lo que Dios requiere de cualquiera para que sea salvo en sus propios términos, según se expresa en su pacto es una sensación de pecado, peligro y miseria, suficiente para engendrar una humildad que lo haga a uno consciente de su necesidad de Cristo y la misericordia que lo lleva a uno a aceptar sinceramente ser su discípulo.

En cuanto a la duración de una tristeza piadosa, algunos son de la opinión que las punzadas del nuevo nacimiento deben ser extendidas. Sin embargo, tal como leemos en la Escritura, los pecadores penitentes recibieron el evangelio rápida y gozosamente[10] como el regalo de Cristo y el perdón y la vida eterna. Sí, la humildad y el disgusto con el pecado deben continuar y aumentar, pero nuestro gran remordimiento inicial sobre ello, bien puede ser consumido por la gratitud y el gozo santos.

Con relación a la dureza de corazón: La Escritura lo usa para describir una obstinación rígida y rebelde que no se apartará del pecado en obediencia a cualquiera de los mandamientos o las amenazas de Dios. Muchas veces se le llama tendón de hierro o cuello rígido, pero nunca se usa para describir una simple falta de lágrimas o de tristeza vehemente en alguien que está dispuesto a obedecer. Más bien, los de corazón duro son los que no se arrepienten. La tristeza, incluso por el pecado, puede ser excesiva; y una persona emotiva podría fácilmente dolerse y llorar por el pecado que él o ella no va a abandonar. Por otro lado, la obediencia no puede ser excesiva.

---

10. Como Pablo le dijo al rey Agripa en cuanto al tiempo que se tomaría para llegar a ser cristiano: "por poco o por mucho", lo importante es que, al final, uno crea (Hechos 26:29).

3. Un gran número de almas están desanimadas por la falta de autoconocimiento, al desconocer la sinceridad que Dios les ha dado. En esta vida, la gracia es débil incluso en el mejor de nosotros, y una pequeña cantidad de gracia frágil no se percibe muy fácilmente. Tal gracia en acción es débil e inestable, y es evidente solo por sus acciones. De manera similar, se encuentra invariablemente que la gracia reside junto con una tendencia muy poderosa hacia el pecado. Cualquier pecado en el corazón y en la acción no concuerda con la gracia y la oscurece. Tales personas poseen muy poco conocimiento y se sienten como extrañas en su casa, por así decirlo, e ineptas para analizar y proteger su propio corazón y hacerse responsables de sí mismas. Entonces, ¿cómo podría cualquiera de esas personas, bajo tales impedimentos, mantener una seguridad sólida de su propia sinceridad? Si, con gran esfuerzo, adquieren alguna seguridad, el descuido posterior de la responsabilidad o la falta de intensidad en ella o ceder a la tentación o incluso la inconsistencia en los esfuerzos por una obediencia rigurosa[11] provocará de inmediato que cuestionen todo y censuren todos sus esfuerzos como simple hipocresía. Un estado de ánimo triste y abatido está siempre listo para concluir lo peor y difícilmente puede lograr ver algo bueno que pueda ser reconfortante.

4. En tal caso, muy pocos pueden obtener consuelo de simples probabilidades áridas. Tal como está, no tienen ninguna sensación de seguridad como resultado de las ofertas de gracia y salvación, aunque están ansiosos de recibirlas. Si nadie pudiera obtener consuelo alguno, excepto quienes tienen una seguridad total de su sinceridad y salvación, ¡entonces la desesperación engulliría el alma de la mayoría de los creyentes más auténticos!

---

11. La "obediencia rigurosa" se describe más fácilmente en un siervo perfectamente atento y minucioso, que no deja de obedecer al instante, no pierde la atención cuando espera instrucciones adicionales, ni se anticipa a hacer lo que no se le ha requerido y no es deseado. La falta de instrucción adicional se percibe como su propia instrucción: esperar. Las órdenes "permanentes" emitidas anteriormente se recuerdan y ejecutan sin la necesidad de una repetición diaria. No hay que seguir adelante ni quedarse atrás.

5. Un desconocimiento de las faltas de los cristianos "exitosos" aumenta los temores y el pesar por parte de los demás. Ellos piensan que, debido a que nuestra predicación o escritos, somos mucho mejores personas que ellos. Luego, se imaginan no teniendo gracia porque no alcanzan nuestras supuestas virtudes. Sin embargo, si vivieran cerca de nosotros y vieran nuestras faltas, o nos conocieran tan bien como nos conocemos a nosotros mismos, o pudieran leer todos nuestros pensamientos pecaminosos y conocer nuestras tendencias mezquinas, ¡estarían liberados de este error!

6. Los maestros (de las Escrituras) no calificados causan dolor y confusión para muchos. Algunos no pueden explicarles a sus oyentes la intensidad del pacto de la gracia. Otros, no están familiarizados con ningún consuelo espiritual ni celestial. Algunos carecen de santidad personal o renovación por el Espíritu Santo y no conocen el significado de la sinceridad. Ellos no pueden distinguir entre una persona piadosa y un pecador no arrepentido. Siendo ellos mismos engañadores malvados, nublan la distinción entre el bien y el mal, e incluso pueden confundir lo mejor por lo peor. Otros, repito, no calificados en asuntos espirituales, ponen énfasis excesivo en las cosas que ni siquiera son deberes, como lo hacen los católicos romanos en sus muchos inventos y supersticiones, al igual que muchas sectas a través de sus opiniones insensatas.

Algunos describen grosera e incorrectamente el estado de gracia y pretenden decir con precisión hasta qué punto puede parecer que un hipócrita camina en la fe sin estar realmente convertido, y al hacerlo, desalienta y confunde a los cristianos más débiles. Aquellos maestros que no pueden corregir los errores de sus publicaciones,[12] ni los de sus propios mentores. Algunos provocan que la paz de los hombres, si no su verdadera salvación, dependa de controversias que están por encima de su entendimiento, y

---

12. Probablemente sea poco diplomático mencionar algunos nombres.

denuncian audazmente como heréticos y anatema asuntos que ellos no comprenden.[13] Incluso en el mismo mundo cristiano ha estado dividido en facciones por mucho tiempo debido a disputas imprudentes sobre textos e interpretaciones en competencia. ¿Acaso es de extrañar que hoy en día los oyentes de dichas controversias se hallen confundidos?

La cura para la tristeza excesiva

Habiendo descrito las causas de la tristeza excesiva, ahora describiré su cura. Sin embargo, la cura es más fácil de describir que de lograr. Empezaré donde creo que la enfermedad comienza y le diré tanto lo que el paciente en sí debe hacer y lo que deben hacer por él los amigos y los colegas.

1. Primero, no considere el pecado asociado con su condición ser ni más grande ni menor de lo que es en realidad.

a. Demasiadas personas piensan que sus sufrimientos y tristezas les dan derecho a recibir solamente compasión. Por lo tanto, prestan poca atención a cualquier pecado que puedan haber provocado esos sufrimientos o que ellos aún cometen. Los amigos y pastores poco sofisticados podrían solamente ofrecer consuelo, cuando, de hecho el descubrimiento y la represión por su pecado serían la mejor parte para curarlos. Si estuvieran más conscientes de cuán pecaminoso es sobrevalorara al mundo, fallar en confiar en Dios, tener pensamientos amargos y exiguos sobre Él, pensamientos profanos sobre su bondad y devaluar la gloria del cielo (lo que debería darles algún consuelo incluso en el estado más desesperado), así como ser frecuentemente impacientes, preocupados y descontentos, y negar la misericordia o gracia previamente recibida, esto los beneficiaría más que las palabras de consuelo. En cambio, cuando hablan como Jonás "Mucho me enojo, hasta la muerte",[14] y pensar que negar la gracia y distraer y discutir contra

---
13. Judas 9–10.
14. Jonás 4:9

el amor y la misericordia de Dios son su responsabilidad, entonces, es tiempo de hacerles saber cuán pecadores son.

b. Por otro lado, si se imaginan tontamente que todos estos pecados demuestran que están desprovistos de la gracia y que Dios contará las tentaciones del diablo como sus pecados personales, condenándolos por exactamente las mismas cosas que aborrecen, y consideran su misma enfermedad de depresión como un crimen, estas nociones deben ser refutadas y descartadas. De lo contrario, podrían erróneamente deleitarse en sus emociones y sufrimientos desordenados.

2. Es de particular importancia no ceder a un hábito de impaciencia obstinada. Aunque es un amor egoísta, y aunque los pecados contra Dios y su gloria son peores, la impaciencia no puede disfrazarse como inocencia. ¿No contó con sufrir y llevar su cruz cuando se entregó a Cristo? ¿Y ahora le parece extraño?[15] Anticipe y prepárese diariamente para cualquier prueba que Dios pueda poner en su camino. Entonces, no será sorprendido ni abrumado. Prepárese para la pérdida de hijos y amigos, para la pérdida de los bienes mundanos, y para la pobreza y la necesidad; prepárese para las calumnias, los accidentes o las toxinas, junto con enfermedad, dolor y muerte. Es no estar preparado lo que hace que parezca tan insoportable.

Recuerde que no es más que un cuerpo en deterioro que sufre, uno del que usted siempre ha sabido que morirá y volverá al polvo. No importan quiénes son la vía de su sufrimiento, es Dios quien lo prueba por medio de ellos. Así que cuando piense que es infeliz solo con las personas, no es inocente de murmurar contra Dios. De lo contrario, su influencia dominante lo persuadiría a usted a la sumisión paciente.

Haga que sea un objetivo de su consciencia evitar un disgusto arraigado. ¿Acaso no está mejor de lo que merece? ¿Ha olvidado

---

15. El apóstol dice en 1 Pedro 4:12, "Amados, no os sorprendáis del fuego de prueba que os ha sobrevenido, como si alguna cosa extraña os aconteciese".

cuántos años ha disfrutado una misericordia inmerecida? El disgusto es una resistencia permanente a la voluntad preparada de Dios, e incluso un grado de rebelión en contra de esta, donde su propia voluntad se levanta contra la de Dios. Es ateísmo en práctica pensar que sus sufrimientos no son parte de la providencia de Dios. ¿Se atreve a quejarse contra Dios y luego continúa reclamando? ¿A quién más le toca determinar sus circunstancias, así como las de todo el mundo?[16]

Y cuando experimente desesperación para ser libertado, recuerde que esto no es confiar en Dios. Atienda su responsabilidad verdadera y obedezca su mandato, pero deje que Él se haga cargo de lo que deba sucederle. La preocupación tormentosa solamente aumenta sus sufrimientos; es una gran misericordia de Dios que Él prohíba este tipo de inquietud y prometa cuidarlo.[17] Su Salvador la ha prohibido[18] personalmente en gran medida y le ha dicho cuán pecaminosas e inútiles son esas preocupaciones, y que su Padre saber lo que usted necesita. Si Él lo niega, es por una causa justa, y si es oportuno corregirlo, eso sigue siendo para su bien. Si usted se sujeta a Él y acepta su regalo, Él le dará cosas mejores de las que le quita: a Cristo y la vida eterna.

3. Decídase más diligentemente que nunca a vencer el amor excesivo por el mundo. Si puede hacerlo, esto aprovechará sus problemas, por así decirlo, sígalos hasta su punto de origen y aprenda qué es lo que no puede soportar y, por consiguiente, lo que sobrevalora. Dios es muy celoso, incluso en su amor, contra todo ídolo al que se le demuestre demasiado afecto, y con cualquier parte de ese amor que le pertenece a Él. Si los quita y los arranca de nuestras manos y corazones, Él es misericordioso y

---

16. Job 12:7–9: Y en efecto, pregunta ahora a las bestias, y ellas te enseñarán; A las aves de los cielos, y ellas te mostrarán; O habla a la tierra, y ella te enseñará; Los peces del mar te lo declararán también. ¿Qué cosa de todas estas no entienden que la mano de Jehová la hizo? En su mano está el alma de todo viviente, y el hálito de todo el género humano.

17. Vea 1 Pedro 5:7: "[Echando] toda vuestra ansiedad sobre él, porque él tiene cuidado de vosotros".

18. Ver Mateo 6:25–34.

también justo. No digo esto a quienes están preocupados solo por la falta de fe, santidad y comunión con Dios y la seguridad de la salvación. Estas aflicciones podrían traer mucho consuelo si esas personas preocupadas entendieran correctamente su fuente y su significado. De la misma manera en que la preocupación impaciente bajo las pruebas temporales demuestra que una persona ama demasiado al mundo, así la inquietud impaciente sobre carecer de más santidad y comunión con Dios establece que una persona ama la santidad y a Dios. El amor por algo precede al deseo y a la tristeza por eso mismo. Cualquier cosa que el ser humano ame, se deleitará en poseerlo, se dolerá al no tenerlo y deseará obtenerlo. El amor dirige a la voluntad, y a nadie le molesta la falta de algo que, para empezar, no quiere.

Sin embargo, lo que más comúnmente precipita la depresión es inicialmente alguna insatisfacción y preocupación temporal. Ya sea anhelos o pruebas, el temor de sufrirlos o la sensación de injusticia y la naturaleza agravante de ellos, o quizá caer en desgracia o conformismo, cualquiera de estos puede inducir a una insatisfacción. Cuando uno no puede soportar que se le esté negando lo que uno desea y cuando la carencia de ello ha enturbiado y sesgado tanto el pensamiento de la persona, se abre la puerta a las tentaciones espirituales. Entonces, lo que empezó estrictamente como sufrimientos temporales termina tratándose de la fe y la consciencia, o solamente del pecado y la falta de gracia.

¿Por qué no pudo soportar con paciencia las palabras, las injusticias y las cruces que le sobrevinieron? ¿Por qué le da tanta importancia a estos asuntos físicos y transitorios? ¿Acaso no es porque los amaba demasiado? ¿No fue con toda sinceridad cuando una vez los llamó vanos y prometió dejarlos a la voluntad de Dios? ¿Le pediría a Dios que lo dejara en paz en un pecado tan grande como es amar al mundo o darles a las criaturas el crédito que a Él le corresponde? Si Dios fallara en enseñarle lo que debe amar y a lo que debe aferrarse, y lo sanara de una condición tan peligrosa como lo es una actitud sensual y terrenal, Él habría fallado en santificarlo y prepararlo para el cielo. Las almas no van al cielo como si fueran flechas disparadas hacia arriba, es decir, contra sus inclinaciones; más bien, así como el fuero tiende a elevarse naturalmente y la tierra, a caer, —del mismo modo— sucede cuando los seres humanos santos mueren, sus almas tienen una inclinación natural hacia arriba. Es su amor el que las inclina: estas aman a Dios, al cielo, a la compañía santa, y a sus viejos amigos piadosos, las obras santas y el amor mutuo, y las alabanzas gozosas a Dios. Este espíritu y amor son como una naturaleza en llamas que las eleva al cielo. Los ángeles las llevan, no a la fuerza, sino como una novia al altar, quien es acompañada, durante todo el trayecto, por el amor.

Por otro lado, las almas de los seres humanos malos tienen una inclinación sensual, mundana; y no aman las cosas celestiales, ni la compañía celestial, y no hay nada en ellas que las lleve a Dios. Más bien, ellas aman la basura mundana, y los placeres sensuales, bestiales, aunque no puedan disfrutarlos realmente. No es de sorprenderse que las almas malvadas se congreguen con los demonios en los lugares espirituales más bajos mientras están en la tierra, y que estas últimas, si Dios se los permite, se manifiesten ante las primeras como apariciones. No es de sorprenderse si las almas santas no están sujetas a tal descenso. El amor es la forma y la energía del alma, y este lleva las almas hacia abajo o hacia arriba según corresponda.

Así que, acabemos con el amor terrenal, básico. ¿Cuánto tiempo vivirá usted aquí, y qué harán la tierra y las cosas insignificantes por usted? Hasta aquí, podría avanzar en santidad y el cielo, Dios no les negará nada a sus hijos sumisos. Sin embargo, amar algo desproporcionadamente es apartarse de Dios. Este es un padecimiento peligroso de las almas y la actitud que las arrastra cielo abajo. Si usted hubiera aprendido a abandonarlo todo por Cristo y a considerar todo lo demás como pérdida y rechazo como lo hizo Pablo,[19] podría soportar más fácilmente el deseo por algo. ¿Ha escuchado alguna vez de alguien que estaba insatisfecho y distraído por la depresión, la pena y la preocupación por la falta de alguna bobería, o cualquier baratija entonces Dios hará que usted lo vea de otra manera para su tristeza.

4. Si no está satisfecho con que solo Dios, solo Cristo, solo el cielo sea suficiente para usted en términos de felicidad y contentamiento, entonces profundice en el asunto: usted podría llegar a convencerse. Vaya, revise su catecismo y los fundamentos de la religión. Entonces, aprenderá a acaparar tesoro en el cielo y no aquí, en la tierra. Sabrá que es mejor estar con Cristo, y que la muerte —que destruye toda la gloria del mundo e iguala a ricos y pobres— no es sino la puerta común para entrar al cielo o al infierno. Más allá de esa puerta, su consciencia no preguntará si vivió o no en comodidad o en dolor, en riquezas o en pobreza, sino "¿viviste para Dios o para ti mismo, para el cielo o para la tierra?". Y "¿qué ha tenido el lugar principal en tu corazón y en tu vida?". Si hubiera vergüenza en el cielo, usted sería avergonzado allá por haber llorado y haberse quejado por la falta de cualquier placer físico en la tierra, y de que haya ido al cielo lamentándose porque su cuerpo sufrió aquí en la tierra. Concéntrese más en cómo vivir por fe y esperanza y enfóquese en la promesa invisible de la gloria de Cristo, y soportará con paciencia cualquier sufrimiento en el camino.

5. Aprenda a entender qué gran pecado es poner nuestras voluntades y deseos en oposición insatisfecha a la sabiduría, la voluntad y la providencia de Dios, y poner nuestra voluntad antes que la de Él como si nosotros mismos fuéramos dioses. No se da cuenta de que un corazón que murmura en secreto acusa a Dios? Toda acusación a Dios contiene un elemento de blasfemia. Pues el acusador supone que Dios es digno de ser culpado; si usted no

---

19. Filipenses 3:8

se atrevería a acusarlo en voz alta, entonces no permita que el anhelo de su corazón lo acuse. Esté consciente del grado al cual la religión y la santidad consisten en traer esta voluntad propia rebelde a una renuncia, sumisión y conformidad total a la voluntad de Dios. Hasta que pueda descansar en la voluntad de Dios, nunca podrá tener descanso.[20]

6. Considere cuidadosamente cuánta responsabilidad es confiar en Dios y en nuestro bendito Redentor enteramente, en alma y cuerpo, y con todo lo que poseemos. ¿Acaso no es digno de confianza el poder, la sabiduría y la bondad? ¿Es el Salvador, quien vino del cielo en forma humana para salvar pecadores por medio de actos de amor incomprensibles, digno de confiarle lo que compró con tanto amor? ¿En quién más confiaría? ¿En usted mismo, o en sus amigos? ¿Quién lo ha guardado toda su vida y hecho por usted todo lo que se ha hecho? ¿Quién ha salvado todas las almas que ahora están en el cielo? ¿Qué es nuestro cristianismo sino una vida de fe? ¿Y, se ha reducido su fe a esto: a obsesionarse con ansiedad y preocupación si Dios no ajusta su providencia para que llene sus expectativas? Busque primeramente su reino y su justicia, y Él ha prometido que todas las demás cosas le serán dada, y ni un cabello de su cabeza perecerá, pues cada uno está, por así decirlo, contado. Un gorrión no puede caer al suelo fuera de la providencia de Dios, y ¿estará Él menos atento de quienes desean complacerlo? Crea en Dios y confíe en Él, y sus preocupaciones, temores y penas desaparecerán.

Si tan solo comprendiera ¡qué gran misericordia y consuelo es que Dios le pida que confíe en Él! Si Él no le hubiera prometido nada, esto sería el equivalente a una promesa. Si le pide que confíe en Él, puede estar seguro de que no traicionará su confianza. Si un amigo fiel, quien puede ayudarlo, le pide que confíe en

---

20. Mateo 11:28: "Venid a mí todos los que estáis trabajados y cargados, y yo os haré descansar". "Nos has creado para ti, y nuestros corazones están inquietos hasta que encuentran descanso en ti". (Agustín, *Confessions* 1.1.1, en *NPNF*[1], vol. 1).

que él puede auxiliarlo, usted no imaginaría que él lo engañaría. Sin embargo, tristemente, he tenido amigos que se atrevieron a confiarme a *mí* sus posesiones, vidas y almas, todo estaba bajo mi poder, y no tenían temor de que yo pudiera destruirlos o dañarlos; sin embargo, estos mismos amigos no pueden confiarle al Dios de bondad infinita esas mismas cosas, aunque Él les manda hacerlo y les promete que nunca les va a fallar ni los va a abandonar.[21] Es este refugio de la mente, que me da quietud en medio de mis temores, saber que Dios, mi Padre y Redentor, me ha mandado confiarle a Él mi cuerpo, mi salud, mi libertad y mis posesiones; y cuando una eternidad invisible y terrible se avecina, ¡confiarle a Él mi alma transitoria! Dios sostiene y mantiene el cielo y la tierra; ¿debería desconfiar de Él?

Usted objeta: Él salvará solo a sus hijos.

Yo respondo: Cierto, y todos los que están verdaderamente dispuestos a obedecerle y a complacerlo son sus hijos. Si usted está verdaderamente dispuesto a ser santo y a obedecer sus mandamientos y a llevar una vida piadosa, justa y sobria, entonces puede valientemente descansar en su disposición y regocijarse en su voluntad gratificante y tolerante, pues el perdonará todas nuestras debilidades a través de los méritos y la intercesión de Cristo.

7. Si no quiere que la tristeza lo devore, entonces no se trague las tentaciones del placer pecaminoso. Los temperamentos caldeados, la apatía y el descuido de las responsabilidades cargan con sus propios grados de culpabilidad. Sin embargo, el pecado que se disfruta es del tipo peligroso y que hiere profundamente. Huya de las atracciones de la lujuria, el orgullo, la ambición y la codicia, así como de la indulgencia excesiva en el alcohol y la comida. Huya de ellas así como lo haría de la culpa, la pena y el terror. Mientras más disfrute el pecado, más posibilidad hay de que la tristeza ocurra. Mientras más claro tenga que es pecado y

---

21. Hebreos 13:5: "Conténtense con lo que tienen, porque Dios ha dicho: «Nunca te dejaré; jamás te abandonaré»".

se deleite en él contra la consciencia que le dice que Dios también se opone a eso, y aun así, usted continúa en el pecado y anule a su consciencia, más agudas serán las punzadas posteriores de la consciencia y más intensas serán cuando despierte finalmente al arrepentimiento. Cuando un alma humilde es perdonada por gracia y esta cree que ha sido perdonada, aun así no se perdonara a sí misma fácilmente. El recuerdo del pecado voluntario, la naturaleza oscura de la tentación que nos venció y las misericordias y los buenos motivos que anulamos para satisfacer al pecado hará que nos enojemos, y con razón, con nosotros mismos. La aversión de nuestro corazón malvado no facilitará ni apresurará la reconciliación con nosotros mismos. Ciertamente, cuando recordamos que pecamos contra el conocimiento y que lo hicimos aun percibiendo que Dios nos veía, y que lo ofendimos, tendremos dudas perdurables de la sinceridad de nuestro propio corazón. Nos preguntaremos si no seguiremos teniendo un corazón hipócrita y si, cuando se nos presenten esas tentaciones, volveremos a deleitarnos en ellas como antes. Así que no espere ni paz ni gozo mientras continúe en el pecado que es deliberado y amado. Esta espina debe ser quitada de su corazón antes de que tenga alivio del dolor, a menos que Dios le dé un corazón insensible, y Satanás le dé una paz falsa, lo cual sería solamente un preludio a una tristeza mayor.

8. Sin embargo, si sus tristezas *no* son el resultado de los pecados antes mencionados, sino que surgen solamente de la confusión sobre temas espirituales, el estado de su alma, el temor a la ira de Dios sobre pecados abandonados o, quizá, la duda de su propia sinceridad y salvación, entonces las reprimendas mencionadas en el punto anterior no son para usted. En cambio, voy a describir el remedio apropiado para usted, el cual es la cura de esa ignorancia y de esos errores que son la fuente de *sus* problemas.

Muchos están confundidos por las controversias religiosas, y cada facción rival está segura de sí misma y dice un montón de cosas, todo lo cual puede parecerle cierto al ignorante e irrefutable al oyente. Cada facción asegura ser el único camino y amenaza con la condenación a quienes no se unen a ella. Los papistas dicen: "No hay salvación fuera de nuestra iglesia", es decir, ninguna fuera de los asuntos del episcopado de Roma. Los griegos los condenan y exaltan su propia iglesia, al igual que cada facción tiene su propio punto de vista. De hecho, algunos procurarán la conversión a fuego y espada, diciendo: "Únanse a nosotros o irán a la cárcel". O hacen de su iglesia una prisión atrayendo hacia ella a los incompetentes y a los renuentes.

Entre todas estas aseveraciones, ¿cómo puede el ignorante decidir apropiadamente?

Respuesta: La situación es triste; pero no tanto como lo es la situación con la mayor parte del mundo: permanecer calladamente en el paganismo o la infidelidad, sin siquiera estar preocupados por la religión, sino más bien sigue las costumbres y las leyes de su propio país para que no sufran en lo personal. En realidad, es una prueba de respeto hacia Dios y su salvación de que le moleste la religión y que procure cuidadosamente saber cuál es el camino correcto. La controversia es mejor que el ateísmo indiferente que va con lo que es políticamente aceptable, sin importar qué pueda ser. Si le tira a los cerdos bellotas o maíz, ellos pelearán por eso, así como lo hacen los perros por la carne. Sin embargo, ni los cerdos ni los perros, pelearán por oro o por joyas, sino que los pisarán en la tierra. Pero lánceles oro y joyas a las personas, y ellas las recogerán con entusiasmo. Los abogados se pelean por la ley y los gobernantes, por la autoridad. Los religiosos luchan por la religión, aunque con un entendimiento imperfecto de ella. Sin embargo, si usted siguiera estas instrucciones claras, las controversias en la religión no deben alterar su paz.

Estrategias para aquietar nuestro corazón

1. Tenga cuidado de ser fiel a la luz y la ley de la naturaleza, la cual toda la humanidad está obligada a cumplir. Si no tiene la

Escritura o al cristianismo, entonces la naturaleza (es decir, las obras de Dios) le dirán que hay un Dios y que "Él es galardonador de los que le buscan".[22] Le informa que Dios es absolutamente perfecto en poder, conocimiento y bondad, y que el ser humano es un agente pensante y libre hecho por Dios y, por lo tanto, le pertenece a Dios y está sujeto a la voluntad y el gobierno de Él. La naturaleza le dice que las acciones del hombre no son moralmente neutrales, sino que hay algunas cosas que debemos hacer y otras que no debemos hacer. Nos dice que la virtud y el vicio, la moral buena y mala sí difieren grandemente y, por lo tanto, que una ley universal nos obliga al bien y nos prohíbe el mal; y que esto no puede ser nada menos que la ley del Gobernador universal, que es Dios. Nos dice que todos los hombres le deben a este Dios su obediencia absoluta porque Él es su Gobernador más sabio y único, y que ellos le deben a Él su amor más grande; esto es porque Él no solo es el principal benefactor, sino que también es perfectamente admirable en sí mismo. La naturaleza nos dice que Él nos ha hecho a todos nosotros miembros de una familia mundial, y que nos debemos amor y apoyo unos a otros. Nos dice que ninguna parte de la obediencia a Dios puede alguna vez no tener sentido ni ser para nuestro agravio. También nos dice que todos debemos morir, y que los placeres físicos y este mundo efímero pronto nos dejará. No hay más razón para dudar parcial o totalmente de esto de lo que hay en cuanto a si el hombre es hombre. Acepte la verdad de esta parte y eso le ayudará grandemente con el resto.

2. Con respecto a la revelación sobrenatural de Dios, aférrese a la Palabra de Dios, la sagrada Biblia, escrita por medio de la inspiración especial del Espíritu Santo, como el documento suficiente de ello.

La fe no es fe divina si no depende de la revelación divina, tampoco es obediencia divina la que se da a cualquier otra cosa

---

22. Hebreos 11:6

que no sea el gobierno o el mandato divino. La palabra del hombre debe de creerse solo hasta el grado que merece, con una fe humana; y la ley del hombre debe obedecerse, según la medida de su autoridad, con una obediencia humana. Sin embargo, estas son muy diferentes a la obediencia divina. No hay un gobernador universal ni de todo el mundo ni de la iglesia, excepto Dios; ningún hombre es capaz de ello, tampoco lo es un concilio de hombres. La ley de Dios se halla solamente en la naturaleza y en la Santa Escritura, y esa es la ley que provee el único Gobernador divino de nuestra fe o juicio, o de nuestro corazón y vida. Si bien no todas las partes de las Escrituras son igualmente claras o necesarias, uno puede ser salvo si comprende menos de mil oraciones de ella, ya que todo lo necesario para la salvación está claramente contenido dentro de esos límites. La ley de Dios es perfecta para su propósito y no necesita ninguna añadidura del hombre. Aférrese a la suficiencia de la Escritura, o nunca sabrá a qué debe aferrarse. Los concilios y los cánones son mucho más inciertos, y no hay acuerdo entre sus defensores en cuanto a cuáles son obligatorios y cuáles son opcionales: y no hay camino por el cual se pueda llegar a un acuerdo sobre estos asuntos.

3. No obstante, acepte la ayuda que los hombres pueden dar en el entendimiento y la obediencia de la Palabra de Dios.

Aunque los abogados no hacen las leyes, usted sí necesita su ayuda para entender la ley y usarla apropiadamente. Y, aunque ningún hombre tiene el poder para hacer leyes para la iglesia universal, aún debemos confiar en los hombres para enseñarnos a entender cómo obedecer la ley de Dios. No nacemos ni con fe ni con conocimiento, y solo sabemos lo que nos han enseñado, aparte de lo que ganamos del sentido de percepción e intuición al razonarlos.

Si pregunta: "De quién debemos aprender?". Yo respondo: "De quienes saben y han aprendido. Ningún nombre, título, relación o vestimenta capacitará a alguien para enseñarle lo que él mismo no sabe.

a. Los niños deben aprender de sus padres y maestros.
b. Los adultos deben aprender de sus pastores fieles y calificados y de sus catequistas.
c. Todos los cristianos tienen que ser maestros a través del apoyo amoroso de cada uno.

Sin embargo, enseñar y dar la ley son dos cosas diferentes. Enseñar a otro no es más que mostrarle esa misma evidencia específica de la verdad por medio de la cual el maestro la conoce, de manera que el alumno pueda entenderla también. Decir, "Tienes que creer que es cierto lo que yo digo que es cierto", y "esto es lo que significa", no es enseñar, sino dar una ley. Creer tales afirmaciones ni es aprender ni es saber, aunque alguna confianza en los maestros es necesaria para los alumnos.

4. No acepte nada como necesario a la esencia del cristianismo y la salvación que no esté registrado en la Escritura y que no ha sido considerado necesario por parte de todos los cristianos verdaderos en toda era y lugar.

No es que primero tengamos que estar seguros de que una persona es un cristiano verdadero para que, de ese modo, podamos saber lo que es la verdad cristiana. Más bien, el simple sentido de la Escritura les dice a todos lo que es el cristianismo, y que podemos saber de quiénes podemos asumir que son cristianos. Sin embargo, si algún asunto doctrinal es nuevo y surgió después de que los apóstoles escribieron las Escrituras, ese asunto no puede ser *esencial* al cristianismo. De lo contrario, el cristianismo tendría que ser una fe mutable, y no lo mismo actualmente de lo que una vez fue; la alternativa sería que no hubo cristianos verdaderos antes de que la nueva doctrina emergiera. Si el asunto fuera verdaderamente *esencial*, entonces la iglesia no era la iglesia y ninguno era cristiano si carecía de algún elemento esencial de la fe o la práctica.

En esto, uno debe tener cuidado del engaño sofisticado: mientras que es cierto que nada es necesario para la salvación, sino aquello que todos los cristianos sólidos han creído, aun así no todo lo que los buenos cristianos han creído o hecho es necesario, mucho menos esos asuntos que los peores cristianos han sostenido (si fueron intensamente tentados). Aunque la esencia del cristianismo, siempre y en todas partes, ha sido la misma, las opiniones de cristianos y sus errores y faltas nunca han sido componentes válidos de su fe o práctica. La naturaleza humana es esencialmente la misma como en Adán, y en toda la humanidad, pero los trastornos de la naturaleza son completamente otro asunto. Si toda la humanidad ha pecado y errado, entonces también todas las iglesias. Su cristianismo viene de Dios, pero no las corrupciones y las dolencias de los cristianos. Usted no debe aferrarse a nada excepto a lo que los cristianos antiguos se han aferrado como recibido de la Palabra de Dios; sin embargo, debido a que todos ellos tienen algunas faltas y errores, usted no debe aferrarse ni imitar *todas* esas cosas.

5. Mantenga la unidad del Espíritu con todos los cristianos verdaderos, y viva en amor en la comunión de los santos.

Es decir, tengan comunión con los que creen y practican una obediencia santa a la fe y la ley cristiana. "Ustedes los reconocerán por sus frutos".[23] Las asociaciones de personas mezquinas, que suprimen el verdadero conocimiento práctico y la piedad, y que odian a los hombres mejores y, en cambio, se deleitan en la maldad y persiguen agresivamente a quienes, por cuestiones de consciencia, rechazan las usurpaciones e invenciones de los primeros, no son la comunión de los santos. Los lobos, espinos y cardos no son las ovejas ni las viñas de Cristo.

6. No prefiera una secta extraña o insular al consentimiento universal de los fieles dentro de sus círculos o comunión, al menos en la medida que sea aplicable el juicio de los demás.

Aunque no medimos nuestra fe según el número de sus partidarios, y aunque los números mayores raras veces representan lo

---
23. Mateo 7:20

mejor, y mientras unos pocos son generalmente más sabios que la mayoría y, en casos de controversia, los pocos que realmente tienen conocimiento muchas veces les responden a los menos informados, Cristo sigue siendo la Cabeza de todos los cristianos verdaderos. Él no es la Cabeza de una secta rara ni de un pequeño grupo exclusivamente. Él les ha ordenado a todos ellos a vivir como hermanos, en amor y en santa comunión. En la ciencia, es más probable que el mayor número de quienes formen un consenso estén en lo correcto con relación a aquellos con teorías alejadas, pero que no tienen mayor capacidad que la mayoría. Al final, sin importar qué lado prefiera en los asuntos no esenciales de la fe, usted siempre tiene que estar en unidad con todos los cristianos verdaderos y evitar las diferencias innecesarias con ellos.

7. Nunca prefiera una opinión dudosa por encima de cierta verdad o responsabilidad. No reduzca las certezas a incertidumbres, sino más bien, procure aclarar lo incierto para que se convierta en certero. Por ejemplo, es cierto que usted debe vivir en amor y en paz con todos los cristianos verdaderos, hacer el bien a todos y no perjudicar a nadie. No permita que cualquier diferencia de dudoso significado lo haga violar esta regla y, por lo tanto, odiarlos, calumniarlos y dañarlos por temas que son cuestionables, imparciales o no son esenciales. No haga que la presentación de "menta, eneldo y comino", ni ningún otro tipo de diezmo o ritual, supere al amor, la justicia y a los otros asuntos esenciales e indiscutibles de la ley.[24] Es una secta u opinión dañina lo que se opone a la naturaleza y al deber común del cristianismo y la humanidad.

8. Sirva a Cristo hasta donde la capacidad máxima de su conocimiento y habilidades lo permitan, y sea fiel a la verdad tal como la conoce. No practique pecados de omisión ni de comisión, no sea que Dios, en su justicia, confirme su indiferencia hacia el conocimiento permitiéndole a usted que crea mentiras.[25]

---

24. Mateo 23:23
25. Vea 2 Tesalonicenses 2:11-12

9. Recuerde que todo el mundo ignora y percibe las cosas como viéndolas parcialmente a través de un espejo distorsionador,[26] y por consiguiente, aun los mejores entre nosotros han cometido muchos errores.[27] Ninguno tiene un conocimiento extenso y perfecto sobre ni siquiera la planta o animal más pequeño. Y, si Dios tolera numerosas faltas en todos nosotros, ciertamente nosotros debemos tolerar lo tolerable unos con otros. Es apropiado que la gente sea humilde, enseñable y que esté dispuesta a aprender. Así como hemos encontrado a algunos más imperfectos que quienes pertenecen a sectas y que han afirmado tener la perfección sin pecado, de la misma manera percibimos como falibles y errados a los católicos romanos, quienes aseguran su infalibilidad. Cuando ellos afirman que uno está obligado a creer en sus papas y sus concilios, y por lo tanto, ver que se termine la controversia, entonces pregúntenles: ¿Podemos esperar que aquí y ahora termine la ignorancia, el error y el pecado? Si no, ¿qué esperanza hay para poner fin a todas las controversias en este lado del cielo, donde la ignorancia se acaba? Las controversias respecto a los esenciales del cristianismo terminaron en todos nosotros cuando nos convertimos en cristianos auténticos y maduros. Las que quedan se resolverán a medida que aumentemos nuestro conocimiento. La divinidad no es un campo menos misterioso que la ley, la medicina y otros similares, en los que se hallan muchas controversias.

10. A pesar de estas limitaciones, ¡no niegue su necesidad de conocimiento ni suponga que ya tiene suficiente! Más bien, como eruditos de Cristo, continúe aprendiendo más y más hasta que la muerte intervenga. Hay una vasta diferencia en la excelencia, utilidad y comodidad entre los que tienen un conocimiento claro y asimilado y los que tienen un desacuerdo confuso y desorganizado.

---

26. 1 Corintios 13:12: "Ahora vemos de manera indirecta y velada, como en un espejo; pero entonces veremos cara a cara".

27. ¿No podemos decir con confianza que solo Dios mismo es perfectamente ortodoxo?

Ponga en práctica los diez principios enumerados previamente y sálvese de la perplejidad derivada de las dudas y las controversias planteadas por quienes son pretenciosos en cuestiones de religión.

Verdades sobre la gracia de Dios

Sin embargo, si sus dificultades no se tratan de controversias doctrinales, sino de sus pecados, falta de gracia y estado espiritual, entonces preste atención a las indicaciones subsecuentes y esto será sanador.

1. La bondad de Dios es igual en magnitud a su grandeza, incluso al poder que gobierna el cielo y la tierra. Sus atributos están proporcionados, y su bondad beneficiará a los receptores capaces. Él nos amó cuando éramos sus enemigos, y Él es esencialmente el amor mismo.

2. Cristo se convirtió voluntariamente en humano y pagó completamente por los pecados del mundo tal como era su intención, tan completamente que nadie debería perecer por ninguna insuficiencia en su sacrificio y sus méritos.

3. Por sus propios méritos, Cristo ha promulgado una ley (o pacto) de gracia, perdonando todo pecado y dando gratuitamente viva eterna a todo el que la crea y acepte para que todos sus pecados sean continuamente perdonados por los términos de este pacto.

4. La precondición de nuestro perdón y de nuestra vida no es que nunca pecamos ni que se los compramos a Dios por algún precio, o que los adquirimos por medio de obras valoradas por Dios o por algún pago por su gracia. Más bien, es solamente que creamos en Él y que recibamos voluntariamente la misericordia que Él nos da de manera gratuita, según la naturaleza de ese don; es decir, aceptamos de Cristo, por Cristo, para justificarnos, santificarnos, gobernarnos y salvarnos.

5. Dios encargó a sus ministros proclamar y ofrecer este pacto de la gracia a todas las personas, y rogarles seriamente en su nombre que lo aceptaran y se reconciliaran con Él; ninguno está excluido.

6. Nadie que acepte esta oferta está condenado, sino solamente los que la rechazan hasta el último aliento.

7. El día de la salvación nunca termina para un pecador; Él todavía puede recibir a Cristo y el perdón si lo deseara. Si él no tiene el perdón a través de Cristo, es porque no quiere tenerlo. Y este día de gracia está tan lejos de acabarse que llega como rescate a todos los que están dispuestos, y esta gracia todavía se ofrece insistentemente a todos.

8. La voluntad *es* la persona en la cuenta de Dios, y lo que uno realmente es y tiene, así que uno es y debe tener: aceptar el pacto bautismal, que es la gracia y la conversión verdadera, y todo el que lo acepta tiene derecho a Cristo y a la vida.

9. El número y la enormidad de los pecados anteriores no son una barrera para el perdón de cualquier pecador penitentes y convertido: Dios perdona pecados grandes y pequeños; donde el pecado floreció, la gracia floreció aún más. Mucho es perdonado para que la gente pueda estar agradecida y ame mucho.

10. El arrepentimiento es genuino, incluso si no hay lágrimas ni tristeza apasionada, si uno prefiere abandonar su pecado en vez de mantenerlo y se esfuerce sinceramente y de todo corazón (aunque de manera imperfecta) a vencerlo. Ningún pecado debería condenar a un hombre si él lo odia más de lo que lo aprecia y prefiere verdaderamente dejarlo que mantenerlo y demuestra esto con un esfuerzo sincero.

11. Las mejores personas tienen dentro de sí mucho mal, y las peores tienen algo bueno. Pero lo que se prefiere y predomina en la voluntad es lo que distingue al piadoso del malvado. El que tenga juicio de valor, elección y vida prefiere a Dios, al cielo y a la santidad por encima del mundo y el placer del pecado, esa es una persona verdaderamente piadosa y debe ser salvada.

12. Los mejores entre nosotros necesitan perdón diariamente, incluso por las faltas en el cumplimiento de sus deberes más sagrados, y deben vivir diariamente confiando en Cristo por ese perdón.

13. Incluso los regenerados pecan frecuentemente contra el conocimiento y la consciencia: ellos saben más que otros, y su consciencia es más sensible. Serían ciertamente bendecidos si pudieran ser tan buenos como saben que deberían ser, aman a Dios tanto como saben que deberían amarlo, y estar libres de todas las reliquias de pasión e incredulidad, que son pecados de su consciencia.

14. Dios no considerará las tentaciones de Satanás hacia nosotros como pecados nuestros, sino solo nuestra incapacidad de resistirlos. Cristo mismo fue tentado a cometer el pecado más atroz: postrarse y adorar al diablo mismo. Dios acusará solamente a Satanás de esas tentaciones blasfemas.

15. Los pensamientos, temores y problemas que la depresión, la debilidad natural y la mente desordenada tienen, provocan invariablemente más relación con la enfermedad física que con el pecado. Por lo tanto, estos son los pecados más insignificantes, y no son más pecaminosos que el calor y la sed cuando se está en medio de una fiebre; ciertamente son menos que algunos pecados que pudieron haberlo causado, y no están por encima de los poderes restantes de la razón para resistir.

16. Estar seguro de nuestra fe y sinceridad no es un prerrequisito para la salvación, aunque la sinceridad de la fe en sí es necesaria. Debe ser salvo aquel que se entrega a Cristo, aunque no esté seguro del grado de su propia sinceridad al hacerlo. Cristo conoce su propia gracias, incluso cuando quienes posean gracia puedan tener duda de ella. Pocos cristianos sinceros alcanzan la certidumbre de la salvación; la gracia débil mezclada con gran corrupción es poco común, pero está más bien asociada con el temor y la duda.

17. La probabilidad de la sinceridad y confianza en Cristo puede hacer que uno, muy apropiadamente, viva y muera en paz y comodidad sin tener una certeza real. De lo contrario, pocos cristianos vivirían y morirían en paz; sin embargo, vemos, por

experiencia, que muchos lo hacen. La opinión común de la mayoría de los escritores eclesiásticos, durante cuatrocientos años después de Cristo, fue que los cristianos inconsistentes podrían caer del estado de la gracia, en el cual, si hubieran perseverado, habrían sido salvos. Así que se sostuvo que solo los cristianos firmes y confirmados, a lo sumo, podían estar seguros de la salvación. Esta continúa siendo la opinión de muchas iglesias protestantes, aunque esos seguidores no viven en desesperación ni en terror. Nadie está seguro de que no caerá tan terriblemente como David y Pedro. Aunque los individuos no tienen razón alguna para pensar que es probable, ellos no necesitan vivir en terror debido a la incertidumbre. Ninguna esposa ni los hijos están 100 por ciento seguros de que su esposo y padre no los asesinará, y aun así pueden vivir en paz sin temor a tal resultado.

18. La fe puede ser tan débil como para que la asalten las dudas sobre si el evangelio es verdadero y si existe siquiera una vida después de la muerte; y nuestra confianza en Cristo podría no ser lo suficientemente fuerte como para alejar esos temores y preocupaciones. Sin embargo, si consideramos que el evangelio es confiable y que una vida mejor después de la muerte es probable, al grado en que fijamos nuestros pensamientos y decisiones en ellos, decidamos con esa esperanza buscar primeramente el reino de Dios y su justicia, y llevar una vida santa a fin de obtenerlas, entonces, este tipo de fe nos salvará.

19. Sin embargo, el amor de Dios y la promesa en Cristo son una base muy segura para la fe y el consuelo, es un gran deber y beneficio que todos crean en Él con confianza y tranquilidad, y entonces, vivan en el gozo de la confianza y esperanza santas.

20. Si alguien duda de su salvación debido a la magnitud de sus pecados, la ruta más rápida hacia la paz es estar dispuesto a abandonarlos ahora. El que se queja de la gravedad de esos pecados, está ya sea dispuesto a ser santo y abandonarlos o no. Si usted no está dispuesto a dejarlos, sino que los ama y prefiere

continuar con ellos, ¿por qué se queja y se lamenta de lo que le gusta tanto? Si su hijo llorara porque su manzana está ácida, pero no deja de comerla, usted no tendría pena, sino que lo reprendería por ser quisquilloso. Pero si usted, de hecho, está verdaderamente dispuesto a apartarse de un pecado, ya está a salvo de su culpa condenatoria.

21. Si duda de la sinceridad de su fe y las demás misericordias, y toda su autoevaluación lo deja inseguro, la manera de terminar con su duda es por medio de entregarse realmente a Cristo. ¿Está inseguro de si ha sido un creyente auténtico hasta ahora? Puede estar seguro de que el ofrecimiento de Cristo es para usted ahora: acepte el pacto de la gracia y acepte su ofrecimiento, y puede estar seguro de que Él le pertenece.

22. El autoanálisis no debería ser la única manera en que se busque la seguridad. ¡Esfuércese por avivar y activar la gracia que desea estar seguro de poseer! La manera de estar seguro de que cree y ama a Dios es estudiar las promesas y la bondad de Dios hasta que la fe activa le confirme que las ama.

23. Estamos seguros del estado de nuestras almas, no por medio de cualquier acto único y extraordinario, bueno o malo, sino por la inclinación, dirección e intensidad predominantes en nuestro corazón y en nuestra vida.[28]

24. Aunque clamamos que no podemos creer y no podemos amar a Dios y que no podemos orar adecuadamente, Cristo puede ayudarnos. Sin su gracia nada podemos hacer, sin embargo, su gracia es suficiente para nosotros, y Él no nos niega más ayuda después de que nos ha dado la disposición. Más bien, nos dice que se lo pidamos a Dios, quien da a todos liberalmente y no reprende las tonterías anteriores, sino que da su Espíritu a quienes se lo piden.[29]

---

28. Charles Williams ha discutido que cada paso que damos está en dirección del cielo o del infierno. Vea, por ejemplo Williams, *Descent into Hell* (Grand Rapids, MI: Eerdmans, 1975).
29. Santiago 1:5

25. Ese pecado, conocido como el pecado contra el Espíritu Santo, no es el pecado de nadie que crea en que Jesús es el Cristo. Tampoco es el pecado de quienes temen cometerlo, tampoco el de todos los incrédulos, sino solamente de unos pocos enemigos obstinados e incrédulos. Es solamente esto: cuando los hombres ven tales milagros de Cristo y su Espíritu, que deberían o podrían convencerlos de que Él es de Dios, y cuando no tienen otros recursos, y aun así prefieren asegurar que Él es un mago y que ha obrado por el poder del diablo.

26. Aunque el temor pecaminoso es muy preocupante y no debe amársele, Dios lo permite muchas veces y lo usa para bien, para evitar que seamos audaces sobre el pecado, y apartados de esos placeres pecaminosos y de amar al mundo, la presunción y la seguridad que son mucho más peligrosos.

27. Quien vaya con temor y temblando al cielo, una vez allí, habrá superado rápidamente todo temor, duda y pesadez para siempre.

28. Cuando Cristo estaba en agonía por nuestros pecados y clamó: "Mi Dios, mi Dios, ¿por qué me has abandonado?",[30] aun así, su Padre lo amaba. Él fue tentado para que pudiera consolar a los que son tentados, y sufrió tal burla para que pudiera es un Sumo Sacerdote compasivo para los demás.

29. En la medida en que las luchas, las tentaciones blasfemas, las dudas y los temores sean graves, desagradables y odiosos para cualquiera, hasta ese grado y más puede esa misma persona ser afirmada de que no la condenarán, porque esos no son pecados preciados.

30. Todos nuestros problemas están bajo el gobierno soberano de Dios; es mucho mejor para nosotros estar sujetos a su decisión y disposición que estar solos o con nuestros amigos más queridos. Él ha prometido que todas las cosas obrarán para nuestro propio beneficio.[31]

---
30. Mateo 27:46
31. Romanos 8:28

31. Un deleite deliberado en Dios y en su bondad, y un marco de pensamiento gozoso y de alabanza surgiendo de una creencia en el amor de Dios a través de Cristo son mucho más deseables que la pena y las lágrimas. Lo último sirve solamente para lavar un poco de suciedad, de manera que el amor, el gozo y el agradecimiento puedan entrar, lo que representa el temperamento cristiano evangélico auténtico y se parece más al estado celestial. Medite y aplique estas verdades, y estas deberán curarle.

Remedios adicionales
Sin embargo, si la depresión ya se ha establecido, entonces deben emplearse remedios adicionales apropiados. La dificultad es considerable debido a que la enfermedad hace que la gente sea arrogante, irracional, obstinada e indisciplinada. Difícilmente puede convencérseles de que la enfermedad es física en vez de solo espiritual y ellos creen que tienen razones sólidas para todo lo que piensan y hacen. Incluso, si admiten su irracionalidad, la culpan sobre la incapacidad, diciendo: "No podemos pensar ni comportarnos en ninguna otra forma".

Sobre el supuesto de que queda algún grado de razón, les ofrecería consejería adicional; y lo que no puedan hacer, sus amigos deberán fortalecerlos para que lo hagan, lo cual también abordaré.

1. Reflexione en que debería ser fácil para usted, en su pensamiento confuso y ansioso, captar que su entendimiento no es tan sólido ni tan fuerte como el de los demás. En consecuencia, no sea terco y arrogante, ni imagine que sus pensamientos son más precisos que los de ellos. Más bien, confíe en personas más sabias y déjese guiar por ellos.

Responda esto: ¿Conocer algún pastor o amigo más sabio que usted? Si responde que no, ¡expone su tonto orgullo! Si responde que sí, entonces pregúntele a ese pastor o amigo qué piensa de su condición, y créale, y déjese guiar por él, en vez de por sus pensamientos desordenados.

2. ¿Sus problemas le hacen más bien que mal? ¿Lo hacen más o menos apto para creer y amar a Dios, regocijarse en Él y alabarlo? Si siente que sus problemas se oponen a todo lo que es bueno, puede estar seguro que son tentaciones del diablo y que lo complacen a él. Entonces, ¿amará o suplicará por la obra de Satanás, que sabe que está en su contra así como en contra de Dios?

3. Evite las meditaciones cíclicas y no piense ni demasiado ni muy profundamente. La reflexión prolongada es un deber para algunos, pero no para usted, como tampoco lo es para alguien que camina a la iglesia con una pierna rota o un tobillo torcido. Tal persona debe descansar y protegerlo hasta que esté sano y fuerte. Entonces, puede vivir en la fe y el temor de Dios sin requerir de sí mismo pensamientos profundos y perturbadores. Aquellos que no pueden o no quieren aceptar este consejo, sus amigos deben despertarlos de sus meditaciones cíclicas y deben dirigirlos hacia otros pensamientos.

4. Por lo tanto, pase poco tiempo a solas, pero mucho tiempo en compañía placentera y animada: la soledad solo provoca pensamientos oscuros. De manera similar, no se involucre en oraciones extensas y privadas, sino ore con más frecuencia y en voz alta en compañía de otros.[32]

5. Fije sus pensamientos en las cosas que sabe que son correctas y buenas: no se concentre en sí mismo ni en su propio corazón. Incluso los mejores pueden encontrar demasiado como para perturbarlos. Así como las piedras de molino solo se gastan a sí mismas cuando no hay grano para moler, de igual manera son los pensamientos de los deprimidos, cuando piensan solamente en los problemas de su propio corazón. Al nivel en que pueda, dirija sus pensamientos hacia estos cuatro temas:

   a. La bondad infinita de Dios, quien está más lleno de amor de lo que está el sol de luz:

---

32. Aquí Baxter está advirtiendo contra la soledad para los que están deprimidos, no contra el principio de la soledad o devociones privadas.

b. El amor inmensurable de Cristo al redimir a la humanidad, y la suficiencia de su sacrificio y sus méritos:
c. El pacto libre y el ofrecimiento de la gracia, los cuales otorgan perdón y vida a todos los que ni prefieren el pecado ni los rechazan obstinadamente hasta el final;
d. La gloria inconcebible y el gozo que todos los bendecidos tienen en Cristo, y que Dios ha prometido, con su juramento y sello para todo el que acepte el pacto de gracia y esté dispuesto a ser sabio y gobernado por Cristo.

Estos pensamientos aliviarán los temores depresivos.

6. No entre en un modo de queja, sino hable más de las grandes misericordias de Dios que, de hecho, usted ha recibido. ¿Se atreve a negarlas? Si no, ¿no son estas más dignas de discutirse que sus sufrimientos presentes? No les cuente a todos de sus problemas; hacerlo los magnifica y desanima a otros, Hable de ellos solamente con sus amigos más cercanos y con sus consejeros. Si habla tanto como sea posible del amor de Dios y de las riquezas de su gracia, esto distraerá y endulzará incluso a sus pensamientos más amargos.

7. Determine pasar la mayor parte de su tiempo agradeciendo y alabando a Dios, especialmente cuando ora. Si no puede hacerlo con gozo, como *debería*, entonces hágalo como *pueda*. ¿Acaso no controla su propia lengua? Entonces, no diga que no está apto para ofrecer alabanza con sus labios a menos que su corazón esté lleno de ella, y que está seguro de ser hijo de Dios. Todos, buenos y malos, están obligados a alabar a Dios y a ser agradecidos por lo que han recibido, y a hacerlo tan bien como sea posible, en vez de dejarlo sin hacer. La mayoría de cristianos carecen de afirmación de su adopción; ¿deben, entonces, retenerle a Dios la alabanza y el agradecimiento? Ofrecerla como pueda es la manera de poder hacerlo mejor. La acción de gracias genera agradecimiento en el corazón; su objeción para ofrecerla podría desenmascarar el propósito del diablo y el uso que él hace de su depresión para

lograrlo. Él le desanimará de estar agradecido con Dios y hasta de mencionar su amor y bondad en sus alabanzas.

8. Cuando Satanás introduce pensamientos atormentadores o blasfemos en su mente, no los entretenga ni se preocupe demasiado por ellos. Primero, use su razón y fuerza restante para descartarlos resueltamente y guiar sus pensamientos a otra parte. No se diga a sí mismo: "Simplemente, no puedo". Si fuera necesario, encuentre acompañantes o involúcrese en alguna actividad que le distraiga. ¿Qué haría si se encontrara con una persona trastornada en público, que le grita o reprocha a Dios en voz alta? ¿Se quedaría allí a escucharlo? ¿O discutiría con alguien en esa condición? ¿Acaso no se iría y evitaría así escuchar o debatir con tal persona? Entonces, en su caso, cuando Satanás alimenta su mente con pensamientos feos, desesperantes o quejumbrosos, apártese de ellos y diríjalos a otros pensamientos o actividades.[33] Si no puede hacer esto solo, háblele a un amigo cuando la tentación surja, y se volverá una responsabilidad de su amigo distraerlo con otros temas o de llevarlo a la compañía de otras personas.

Pero no permita que esta tentación lo moleste mucho, pues preocuparse por ella mantendrá al asunto malo en su memoria y tenderá a agrandarlo, así como cuando al rascarse la picadura de un insecto se vuelve más roja y más irritada. Y el *propósito* de Satanás es darle pensamientos inquietantes, y mezclarlos al hacer que usted se preocupe por *ellos*. Así que un pensamiento inquietante lleva a otro, y así sucesivamente, tal como las olas del mar se siguen una a otra. Incluso, las mejores personas son tentadas. Como ya mencioné, *Cristo fue tentado por la idolatría*. Cuando

---

[33]. D. Martyn Lloyd-Jones dice: "El problema principal en todo este tema sobre depresión espiritual en un sentido es este: que le permitimos a nuestro yo hablarnos en lugar de que le hablemos a nuestro yo". (Lloyd-jones, *Spiritual Depression: Its Causes and Its Cure* [Grand Rapids, MI: Eerdmans, 1965], 20. En prácticas profesionales he aconsejado periódicamente, a los pacientes a decirse a sí mismos, en voz alta, las cosas que saben que son buenas y verdaderas, y así, por lo menos reducir el volumen de las acusaciones que están muy acostumbrados a escuchar.

tiene tales pensamientos, dele gracias a Dios de que Satanás no puede obligarlo a apreciarlos o aceptarlos.

9. Repito, recuerde la evidencia consoladora que usted lleva dentro de sí de que su pecado no es condenatorio: usted no aprecia su pecado, si no que más bien lo odia y está cansado de él. Pocos pecadores disfrutan *menos* sus pecados de lo que los disfrutan los deprimidos, y es solamente los pecados amados los que destruyen a la gente.

Procure evitar la pereza y en vez de eso involúcrese en responsabilidades regulares y apropiadas, al grado en que tenga fortaleza física para hacerlo. La pereza siempre es un pecado, y trabajar es la responsabilidad de uno. La pereza sirve simplemente como una plataforma para las tentaciones de Satanás, y para pensamientos inútiles y distractores. Por otro lado, el trabajo es bueno tanto para los demás como para nosotros mismos; el cuerpo y el alma lo requieren. "Seis días trabajarás",[34] y no debe comer "el pan de la ociosidad".[35] Dios ha hecho del trabajo nuestro deber y nos bendecirá a través de él en su manera señalada. He visto depresión seria curada y convertida en una vida de alegría piadosa principalmente a través de un compromiso diligente en las tareas domésticas y laborales. Tal compromiso aparta los pensamientos de las tentaciones y deja al diablo sin oportunidad. Complace a Dios si se hace en obediencia, y purifica los humores desordenados.[36] Muchos miles de personas trabajadoras viven en pobreza y tienen esposas e hijos que sienten esa carga; uno podría esperar que ellos estuvieran distraídos por las preocupaciones y las penas. Sin embargo, pocos de ellos están afligidos por la enfermedad de melancolía debido a que el trabajo mantiene el cuerpo en forma y los mantiene ocupados, así que ellos no tienen tiempo para

---

34. Éxodo 20:9, el sexto mandamiento
35. Cf. Proverbios 31:27
36. Baxter utilizaba el término "sangre destemplada" por el cual probablemente hacía referencia a la noción predominante de que los venenos eran liberados en la sangre durante las enfermedades, de las cuales una "cura" era el sangrado.

reflexiones depresivas. Por otro lado, en Londres y otras grandes ciudades, cuando el desempleado haragán cae en la pobreza, especialmente por llevar una vida de despilfarro, es ciertamente miserable: está continuamente molesto, distraído por el descontento y con la mente inquieta. Entonces, si no puede persuadirse para mantenerse ocupado, sus amigos, si pueden, deberían obligarlo a hacerlo.

Si el diablo, en su pretensión de ser religioso, aparece como un ángel de luz y le dice que esta obligación está apartando sus pensamientos de Dios, y que los pensamientos y las ocupaciones mundanas no son santas y solo son aptas para los hombres del mundo; entonces, dígale: que Adán, en su inocencia, debía cuidar y cultivar su jardín; y Noé, teniendo todo el mundo delante de él, era un granjero. Abraham, Isaac y Jacob cuidaron ovejas y ganado, y Pablo hizo tiendas. Se considera, con razón, que Cristo mismo trabajó en el supuesto oficio de su padre, y que él se fue a pescar con sus discípulos. Pablo dijo que la ociosidad es una vida indisciplinada, y "si alguien no está dispuesto a trabajar, que no coma".[37] Dios hizo el alma y el cuerpo y ha asignado trabajo para ambos.

Si se halla a solas y donde los demás no pueden escucharlo, le aconsejo esto: en vez de dedicarse a una meditación prolongada u oraciones largas, cante un salmo de alabanza a Dios, tal como el Salmo 23 o el Salmo 133 o algo parecido. Esto reavivará su espíritu para los sentimientos de santidad que son aceptables a Dios y más adecuados para las esperanzas de un creyente de lo que son sus preocupaciones desalentadoras.

Los roles de los amigos y la familia

No he terminado de enumerar las responsabilidades de quienes cuidan a los deprimidos, las personas melancólicas, particularmente las responsabilidades de los esposos hacia sus esposas (ya que esta es más frecuentemente una enfermedad de mujeres que

---

37. 2 Tesalonicenses 3:10

de hombres). Cuando la enfermedad les impide atenderse a sí mismos, entonces la mayor parte de su ayuda de Dios vendrá a través de los demás. Esta ayuda será de dos tipos: primero, a través del ejemplo prudente y, luego, a través del medicamento y la dieta, y probablemente algo de cada una.

1. Una parte considerable de su curación radica en ser agradable al tratar con ellos, y en evitar cosas desagradables en la medida que sea apropiada, aunque no más allá de esta. Una discrepancia es tan intrínseca a la enfermedad en sí que un esposo, con una esposa muy afligida está obligado a hacer su mejor esfuerzo para curarla por medio del amor genuino y el vínculo que los une, y también por su propia paz mental. Para los hombres es un verdadero fracaso cuando su esposa, debido a la personalidad, la melancolía o la razón perturbada no cede a la razón; entonces, si estos hombres descargan su propia frustración sobre sus esposas las provocarán aún más. Usted entró al matrimonio para bien o para mal, en la enfermedad y en la salud. Si la persona que usted eligió exige, como si fuera una niña, todo aquello por lo que llora y debe hablársele solamente en tonos placenteros como si la arrullara para dormir, no sea que llore más, entonces debe condescender en hacerlo. Soporte la carga que ha escogido para que no se haga más pesada para usted. Su propio enojo y petulancia hacia alguien que no puede curar su propia conducta desagradable es más culpable que ella, ya que usted conserva el poder de la razón, que ella ha perdido.

2. En la medida de lo posible, distraiga a esos individuos de los pensamientos que tanto los preocupan y atormentan. Haga que se concentren en otras conversaciones y asuntos. Irrumpa en su espacio e interrumpa sus pensamientos cíclicos. Levántelos de tales meditaciones con insistencia amorosa y firme. No les permita pasar mucho tiempo solos, sino que coordine que tengan la compañía adecuada, o llévelos a visitar amigos. Sea especialmente cuidadoso de no dejarlos estar ociosos, sino que presiónelos o

persuádalos a hacer alguna actividad placentera que pueda implicar esfuerzo físico así como actividad mental. Si son lectores voraces, no les permita leer durante un periodo muy largo de una sola vez, y vea que eviten material que pueda ser inadecuado para su condición. Podría funcionar que alguien más le leyera en voz alta. Los libros del Dr. Sibbes,[38] junto con novelas históricas livianas o noticias generales de eventos recientes, podrían servir para apartar sus pensamientos de ellos mismos.[39]

3. Frecuentemente, traiga a su atención grandes verdades del evangelio que tengan la probabilidad de consolarlos. Léales libros instructivos y reconfortantes, y asegúrese de que su vida con ellos es amorosa y alegre.

4. Procure que estén bajo el cuidado de un pastor cristiano prudente y capaz, tanto para el consejo confidencial como para la prédica pública. Asegúrese de que este pastor sea hábil en lidiar con feligreses deprimidos y que sea sereno y no polémico, propenso al error, o amante de las ideas excéntricas. Más bien, escoja uno que sea sensato en su prédica y oración en vez de uno que enfatice emoción más que contentamiento. Obsérvese, sin embargo, que la pasión en ensalzar las promesas de consolación del evangelio está completamente en regla, y mientras más ferviente sea, mejor. Dirija a las personas deprimidas a un pastor a quien ellos ya admiren y respeten y a quien escuchen.

5. Frecuentemente, intente convencerlos de lo grave que es para el Dios del amor y la misericordia infinitos, y para un Salvador que ha expresado tan maravillosamente su amor, pensar peor de Dios de lo que uno pensaría de un amigo, o incluso de un enemigo personal, y no estar convencido de ese amor que ha sido revelado por medio del milagro más tremendo. Si tienen un padre, esposo o amigo que haya arriesgado su vida por ellos y les haya dado toda su riqueza, no sería una ingratitud vergonzosa y

---

38. Richard Sibbes (1577–1635) fue un puritano anglicano y el autor de *The Bruised Reed*.
39. En nuestros días, puede ser más útil evitar los canales de noticias de veinticuatro horas.

una ofensa sospechar que él aún tenía malas intenciones en contra de ellos y que planeaba dañarlos, y que no los amaba? ¿Cómo podría Dios y nuestro Salvador haber llegado a merecer el ser considerados de esa manera? Aunque muchos dicen que no es de Dios de quien desconfían sino de sí mismos, solo ocultan su miseria por este error, mientras niegan las más grandes misericordias de Dios: aunque quisieran desesperadamente tener a Cristo y a la gracias, no creerían que Dios, quien los ofrece, en realidad se los daría, sino que piensan que Él condenará sin recurso a un alma pobre que quiere complacerlo y que preferiría tener su gracia que todos los placeres pecaminosos del mundo.

6. Llévelos a conocer nuevas personas. Generalmente, respetarán a los extraños, y las caras nuevas los distraerán, especialmente cuando vayan a lugares que no son conocidos, siempre y cuando puedan soportar el viaje.

7. También es útil si puede involucrarlos en consolar a otros que están peor que ellos. Esto los convencerá que su caso no es único, y realmente estarán animándose a sí mismos mientras animan a otros. En mi experiencia personal, una manera principal para resolver mis propias dudas acerca del estado de mi alma era a través de confortar frecuentemente a otros que tenían las mismas dudas, y cuyas vidas me persuadieron de su sinceridad.[40]

De manera similar, un ejercicio útil podría ser conectarlos con alguien que está equivocado acerca de alguna cuestión de doctrina sobre la cual ellos mismos están muy claros y articulados. En esta forma, a medida que se involucran en su propio ingenio para convencer a otro de su error y refutarlo, pueden encontrar sus propios pensamientos desviados de su propia angustia. Forester[41] informa que un su paciente deprimido, un católico romano,[42] sanó cuando llegó la Reforma a su país. Su sanidad vino a través

---

40. Aquí, la autorrevelación poco común de Baxter está en contraste a su estilo más característico de compartir en términos generales cómo otros han sido atendidos.
41. Presuntamente un predecesor del siglo dieciséis, dada la referencia a la Reforma.
42. Baxter usó el entonces coloquial común "papista".

de sus argumentos entusiastas y frecuentes contra la Reforma. Una causa mejor podría incluso tener mejores resultados.

8. Si fallan otros métodos, no descuide la medicación. Aunque muchos están en contra de ella y sostienen que su enfermedad está "solo" en la mente, deben ser persuadidos o forzados a tomarla. Supe de una mujer sumida en una melancolía profunda, quien durante mucho tiempo no habló, no tomó medicamentos, ni le permitió a su esposo salir de la habitación; él murió de pena por esto, aunque ella misma sanó por el medicamento que le obligaron a tomar.[43]

Si la enfermedad fuera, como alguna fantasía, una manifestación de posesión demoníaca, la medicación podría, de todos modos, proveer liberación. Si cura la depresión, el lugar de apoyo del maligno es removido, junto con la condición que le sirvió de ventaja. Cure el trastorno, y cesarán las operaciones desordenadas del diablo. Después de todo, él trabaja a través de los medios y los temperamentos.

Elija a un médico que esté realmente capacitado en el tratamiento los trastornos psiquiátricos y que tenga un buen récord de curar a otros. Evite a las mujeres,[44] a las personas ignorantes y jactanciosas, y a los hombres jóvenes e inexpertos, así como a los hombres rápidos, apresurados, de mano dura e imprudentes que no tienen o no se toman el tiempo para estudiar y entender el temperamento y la enfermedad del paciente. Más bien, seleccione médicos experimentados que sean conocidos por ser muy acertados bajo presión.

El tratamiento médico y el consejo espiritual no han sido provistos tradicionalmente por el mismo individuo; sin embargo, en el caso de la confluencia de problemas médicos y espirituales, el tratamiento combinado por un experto en ambas materias puede

---

43. En el original de Baxter, "introdúzcalo a la fuerza en su garganta por medio de un tubo".
44. Dada la fuerte perspectiva puritana de las mujeres como compañeras iguales en la vida y en la fe, es probable que Baxter tenga un grupo específico en mente, quizás –y esto es una conjetura– herbolarios o sanadores autodidactas.

ser apropiado. Si un médico mayor, experimentado, altamente capaz, honesto, cuidadoso y astuto está disponible, ¡consúltelo![45] Por favor, no se arriesgue a usar medicamentos u otros remedios, excepto por consejo de su médico personal. Esto se debe a que existe una amplia variación entre los individuos, y a que las *causas* de los mismos síntomas pueden ser muy diferentes. Lo que podría ser una cura para uno, podría ser seguramente perjudicial para alguien más.

Ya que muchos de los que no pueden pagar un médico o las medicinas apropiadas podrían buscar "curanderos" no calificados y debido a que incluso entre los médicos disponibles hay una amplia variedad de experiencia y conocimientos, se necesita precaución. Algunos prescriben empírica y precipitadamente sin primero comprender el cuerpo o la enfermedad.[46] Hacerlo puede ser dañino o letal. *Hay* agentes que puedo sugerir, que son seguros y que es poco probable que provoquen efectos secundarios mayores; sin embargo, recomendarlos probablemente me traería la censura de médicos calificados. No obstante, algunos de estos médicos, cuando acababan de obtener su licencia, aunque mucho más jóvenes que yo, se atreven a aventurarse mucho más allá que yo, y con un gran costo financiero y daño para sus pacientes.

La causa *formal* de la depresión se encuentra en las emociones, las que al estar trastornadas, no pueden cumplir sus funciones propias de guiar la imaginación, el entendimiento, la memoria y los afectos. Entonces, cuando la regulación del estado de ánimo

---

45. Baxter aquí, al parecer, excusa su propio rol como médico laico cuando Kidderminster no tenía un médico calificado local. Con el tiempo, él contrató a uno.
46. El tratamiento "empírico" es, poniéndolo toscamente, usar un medicamento sin tener un sentido claro de lo que en verdad está mal, esperando que ayude, y al hacerlo, establecer un tipo de diagnóstico. Esto no es inusualmente visto hoy día en la prescripción de antidepresivos modernos, particularmente los inhibidores selectivos de la recaptación de serotonina (ISRS) los cuales incluyen Prozac (fluoxetina), Zoloft (sertralina) y agentes relacionados. El fracaso de estos medicamentos para aliviar es por lo tanto, a veces, debido a que son prescritos cuando la causa subyacente requiere un medicamento muy diferente. Alternativamente, pueden enmascarar efectivamente los síntomas de otra enfermedad y, sin darse cuenta, retrasar el tratamiento definitivo.

está trastornada, la capacidad para pensar se ve afectada y se vuelve como un ojo inflamado o como un pie torcido, incapaz de cumplir su función adecuada. El problema subyacente es generalmente un tipo de adelgazamiento u otro tipo de debilitamiento de la sangre, la que se considera ser el "vehículo" de las emociones. Normalmente, esa a su vez está asociada con alguna disfunción del estómago, bazo, hígado u otro órgano, todos ellos considerados colectivamente como cruciales para la formación, circulación y filtrado de la sangre. Las manifestaciones de las enfermedades en estos órganos son tan multifacéticas y diversas que son difíciles de entender incluso para los médicos más capacitados. Muchas veces se culpa al bazo (y con razón), con el estómago, el páncreas, el mesenterio, el omento, el hígado y los riñones frecuentemente involucrados. A veces, el efecto es obstruir los humores y, en muchas maneras: a veces por la formación de cálculos, pero otras veces por acumulación de líquidos. Sin embargo, se sospecha con más frecuencia de bazos obstruidos o inflamados.[47]

Un humor negro perceptible, llamado melancolía, culpado desde tiempos antiguos, raramente se observa en la actualidad, a menos que usted llame así a la sangre o al excremento que se ha vuelto negro por la necrosis a través de la inmovilidad y falta de estimulación.[48] Sin embargo, la sangre en sí puede ser llamada melancólica cuando se ha deteriorado por la corrupción y la turbidez, la viscosidad aumentada o la alteración que la predispone a los efectos de la melancolía.[49]

Sin embargo, a veces las personas sanas son arrojadas repentinamente a la depresión aguda por un espanto terrible, por la

---

47. Aquí, los constructos de Baxter son de alguna forma bochornosos incluso para los laicos del siglo XXI. Pero él refleja las ideas médicas que eran comúnmente aceptadas en sus época.
48. Baxter está refiriéndose probablemente a excrementos humanos decolorados.
49. Los términos relacionados a la teoría humoral de la medicina a la que Baxter se refiere, son difíciles de traducir e imposibles de entender.

muerte de un amigo, o por alguna pérdida o sufrimiento grande, o por noticias tristes, y eso incluso en el marco de una hora. Por lo tanto, se demuestra que la depresión sucede en la ausencia de la predisposición al temperamento melancólico o de una enfermedad previa de cualquier tipo.

Pero la acción de la menta trastorna de repente las emociones y perturba a los espíritus,[50] los que, a su vez, debilitan la sangre; la sangre debilitada, finalmente, debilita a los órganos que irriga, hasta que la confluencia da como resultado un alma y un cuerpo enfermos.

Muchas veces, es muy útil que el médico pueda determinar dónde empezó la enfermedad, si en la mente o en el cuerpo, y si fue en este último, entonces, si fue en la sangre o en los órganos vitales, ya que el tratamiento debe adaptarse a la condición.[51] Por otro lado, una mente deprimida podría hallar alivio, y la discapacidad puede ser suprimida, incluso en la presencia de un bazo obstruido o fibrótico, aunque haya estado sin tratamiento durante muchos años.

Cuando la enfermedad empieza en la mente y en los espíritus, y el cuerpo está sano, los medicamentos —incluso los más agresivos[52]— podrían curar la depresión, aunque los pacientes pueden quejarse de que los medicamentos no curan almas. Sin embargo, el alma y el cuerpo están intrínseca y maravillosamente asociados tanto en la enfermedad como en la sanidad. Si bien es posible que

---

50. No está inmediatamente claro a lo que Baxter se refiere cuando usa el término "espíritus". El uso moderno común se encontraría en la frase "hoy anda de espíritu caído", refiriéndose no al espíritu singular de una persona, sino a lo que también podría habérsele llamado "humores" en los tiempos de Baxter. Pero la esencia del significado parece ser una forma de energía vital que, cuando está débil, tiene un impacto en cascada y negativo en todo el cuerpo. Dicho concepto es consistente con el sistema cuádruple de clasificación de los elementos de Rudolph Steiner que constituyen la humanidad (físico, etéreo, astral y ego), pero no lo refleja, y sería anacrónico presionar el paralelo aparente.

51. He notado, ocasionalmente, que corregir algo tan aparentemente simple, como una deficiencia de vitamina D, puede aliviar la depresión sin tratamiento adicional. No es normal, pero apoya la opinión de Baxter de que curar el cuerpo puede curar también la mente.

52. Baxter cita "purgar", un tratamiento agreste y hasta peligroso que una vez pensó que sacaba los venenos del cuerpo del veneno. Aunque el concepto es aberrante para la medicina moderna, el concepto ha ganado actual popularidad entre los profesionales homeopáticos quienes por lo general hablan de toxinas y limpieza.

no comprendamos el mecanismo detrás de esta interacción, la experiencia nos informa que es real y que, por lo tanto, tenemos una razón para usar medicamentos para el cuerpo a fin de tratar la mente. La dieta puede ser una parte significativa de la sanidad, tal como he sugerido en otra parte. Es importante que el paciente sea consentido hasta cierto punto mientras aún se le trata como un individuo competente y se le mantiene simultáneamente alejado de la soledad y la preocupación inquietante, así como también protegido de conversaciones y situaciones deprimentes y problemáticas. Las preguntas de los pacientes sobre su tratamiento deben responderse cautelosamente, y cualquier error en asuntos de religión debe corregirse con igual cuidado, particularmente si los individuos necesitan ser apartados de falsas creencias.[53] Pueden beneficiarse del ejercicio, incluso del esfuerzo vigoroso.[54]

En cuanto a la dieta en sí, esta debe adaptarse al individuo tan cuidadosamente como el medicamento.[55] Las condiciones diferentes deben tratarse de manera distinta. En un tipo de depresión, los individuos están *solamente* deprimidos, con dudas, pensamientos de temor y desesperación.[56] Se sienten condenados y se involucran en meditaciones cíclicas y solitarias y no pueden ser

---

53. Aquí Baxter está hablando de aquellos cuya razón permanece intacta, contrario a aquellos con falsas creencias inalterables que no responderán al argumento racional o a los esfuerzos para persuadirlos de sus malas percepciones.

54. Lo que su abuela pudo haberle dicho ha sido confirmado recientemente por investigación: el ejercicio moderado puede aliviar la depresión moderada.

55. El Dr. Burch fue ingenuo al decir: "La gente enferma necesita la comida de la gente enferma. Denles sopa de pollo" (de *The Quotations of Chairman George*, publicado informalmente por la facultad de medicina de Tulane University promoción de 1974). Él no quería decir que solo la dieta es curativa, sino que una dieta apropiada para la condición de la persona es integral para el uso efectivo de otros medios de tratamiento. Baxter sí provee extensivas sugerencias de dieta, las cuales no está incluidas en esta obra ya que no se consideran representativas de artículos reconocidos o comunes en la despensa o en el mercado moderno. En el tiempo de Baxter, la dieta en el tratamiento de enfermedades agudas de toda clase, así como en la administración crónica de otras (por ejemplo, la gota), jugó un rol más amplio que hoy en día, aunque todavía permanece como fundamento para el manejo apropiado de cualquier cantidad de condiciones. La restricción de la sal o los carbohidratos simples (en fallas de corazón congestivo y diabetes, respectivamente), son solo dos ejemplos de la importancia permanente de modificaciones de la dieta en la medicina moderna.

56. Esto representaría lo que hoy se conoce como "depresión unipolar".

satisfechos ni consolados. Tienden a estar malhumorados e inactivos, hablando poco y moviéndose menos.

Otro tipo de melancolía está representada por quienes se enfurecen fácilmente, muestran un habla rápida y presionada, y son muy confiados, son fanfarrones y se ríen fácilmente de cualquier cosa (muchas veces de manera inapropiada). Incluso, pueden reportar visiones y exaltaciones, y mostrar un afecto eufórico. Su juicio está deteriorado; se están acercando a la locura.[57] Estas personas requieren un tipo de tratamiento muy diferente. Para los individuos que muestran señales de manía, evite por todos los medio el alcohol o los estimulantes,[58] ya que estos pueden conducir al delirio franco.[59]

Ahora bien, el diablo también tiene una cura para los tristes y melancólicos diferente a lo que he prescrito. Específicamente, es desechar toda creencia y la vida venidera en la inmoralidad del alma, o por lo menos, no pensar en esas realidades. Luego, uno puede considerar la religión como una fantasía supersticiosa e inútil, reírse de lo que amenaza la Escritura y, en vez de pasar tiempo en entretenimientos obscenos, juegos de azar y bebiendo para escapar de la depresión. Irónicamente, las recreaciones honestas de hecho son muy buenas para las personas deprimidas que se involucran en ellas. Sin embargo, esta cura del diablo es más como

---

57. Aquí, Baxter da una buena descripción de lo que se conoce como "manía" ya sea eufórica o irritable, o una combinación de ambas al mismo tiempo. Por diagnóstico, esta descripción incluye las condiciones de espectro bipolar y las varias esquizofrenias. Desde hace tiempo se ha reconocido ese medicamento para la depresión unipolar muchas veces no es apropiada y puede empeorar la condición de aquellos con estas otras enfermedades. La "demencia" a la que Baxter se refiere probablemente representa delirio, una complicación seria de la manía".

58. Esto sigue siendo un buen consejo, y lo que Baxter describió como sufrimiento de manía son precisamente los más propensos a consumir drogas y alcohol excesivo. Por lo general, el alcohol se evita en *todas* las formas de depresión, de hecho, aunque puede aportar un alivio burdo y temporal de la miseria de la depresión y la ansiedad, el alivio es breve y los efectos secundarios son serios y de larga duración.

59. Baxter procede, en el curso de varias páginas, a proveer recetas detalladas de varios remedios que considera adecuados para las necesidades de síntomas complejos. Estas recetas, aunque son valiosas para los estudiantes de la historia de la medicina y farmacia, están omitidos ya que se consideran irrelevantes para el lector moderno. Aquellos que tengan interés en tales temas deben referirse al material de origen.

un trato de las brujas con el demonio: mucho se promete, pero al final el pago está en la vergüenza y en la miseria total. El final de esa alegría breve es tristeza incurable si el arrepentimiento oportuno no elimina la causa. La fortaleza de Satanás en el corazón de los pecadores es realmente fuerte cuando los pecadores están en paz. Pero cuando han matado el tiempo, la misericordia y la esperanza, tienen que morir, y entonces, ya no hay remedio. Ir felizmente al infierno, en el cual ellos no creen a pesar de todos los llamados y advertencias de Dios, no dará ningún alivio a su tormento. Partir de este mundo en la culpa del pecado, terminar la vida antes de entender el propósito de ella y enfrentar la justicia de Dios por un desdén descabellado a Cristo y a la gracia terminará tristemente con todo ese gozo. Tal como está escrito: "'No hay paz, para los malvados', dice el Señor".[60] Sin embargo, Cristo les dice a los suyos que lloran: "Bienaventurados los que lloran, pues ellos serán consolados",[61] y "Lloraréis y os lamentaréis, pero el mundo se alegrará; estaréis tristes, pero vuestra tristeza se convertirá en alegría".[62] El rey Salomón nos aseguró:

> Mejor es ir a una casa de luto
> que ir a una casa de banquete.[63]

Y,

> El corazón de los sabios está en la casa del luto, mientras que el corazón de los necios está en la casa del placer.[64]

Habiendo dicho todo esto, la fe santa, la esperanza y el gozo son la mejor medicina de todas.

---

60. Isaías 48:22, LBLA
61. Mateo 5:4, LBLA
62. Juan 16:20, LBLA
63. Eclesiastés 7:2, LBLA
64. Eclesiastés 7:4, LBLA

Apéndice

EL DEBER DE LOS MÉDICOS

Richard Baxter[1]

No es mi intención darles a los hombres doctos de esta profesión honorable ningún motivo para acusarme de interferir en los misterios de su arte. Solamente quiero decirles, de manera breve, lo que Dios y la consciencia esperarán de ellos.[2]

Instrucción 1. Asegúrese de que su intención primaria y principal sea la salvación de la vida de los hombres y su salud. Anteponga esto a cualquier consideración de ganancia u honor personal; aunque estos también son importantes, son puras preocupaciones secundarias en comparación a las vidas humanas. Si el dinero es su propósito principal, eso daña su profesión, la cual, a medida que la practica, no puede traer ningún honor más alto ni significado que lo que sus intenciones respaldan. Es el fin más que los medios lo que ennoblece o corrompe a los hombres. Si la ganancia es su objetivo principal, no le importará si lo logra al tratar a

---

1. Este apéndice es una revisión de mi modernización previa (Greenville, SC: Reformed Academic Press, 2000) de la obra original de Baxter con el mismo título en *A Christian Directory*.
2. En la superficie, más parece extralimitarse. Sin embargo, Baxter no tiene la intención de decirle a los doctores cómo practicar la medicina; más bien, aborda bajo qué restricciones deben practicarla.

los hombres o al ganado, o a través de medios menos exaltados. De hecho, puede llevar un gran beneficio a aquellos cuya vida se salva por medio de sus esfuerzos. Sin embargo, *el beneficio para usted no será mayor a sus fines*. Si busca honrar y agradar a Dios, hacer el bien público y salvar vidas, y *este es* realmente su propósito principal, entonces sirva a Dios en su profesión. De lo contrario, sus esfuerzos son simplemente egoístas. Tenga cuidado de no engañarse a sí mismo en este punto pensando que el bien de los demás *es* su objetivo y que es más importante para usted que simplemente la ganancia porque sabe que es más noble y que *debe ser* su meta. Dios y el bien público no son realmente las motivaciones verdaderas de muchos que hablan muy bien de estos motivos, incluso entre aquellos que están de acuerdo en que estos deberían ser principales. Si la mayoría de la gente antepone su comodidad mundana inmediata al beneficio de su propia alma, incluso mientras hablan despectivamente de este mundo y lo llaman vacío, entonces ¡cuán más fácilmente podrían engañarse a sí mismos y anteponer las ganancias por encima de la vida de los hombres, mientras hablan con desprecio del lucro!

Instrucción 2. Esté preparado para ayudar tanto al pobre como al rico; no haga distinción entre ellos más allá de lo necesario para el bien público en general.[3] No descuide la salud ni la vida de los hombres porque no tengan dinero para pagarle: muchas personas pobres mueren debido a medios insuficientes, desalentadas de acudir a los médicos porque no tienen dinero. En tales situaciones, usted no solo debe ayudarles *gratis*, sino también prescribir los medicamentos más rentables.[4]

---

3. ¿Qué quiere decir Baxter? Quizás quienes pueden pagar la tarifa completa, deberían hacerlo, a fin de que quienes no pueden, no necesiten hacerlo.
4. El medicamento que un paciente no puede pagar u obtener debe ser superior a lo que pueden pagar, pero si la asequibilidad le impide a uno recibir medicamento superior y no se ofrece ninguna alternativa, entonces no es compasivo presumir de ofrecer "solo el mejor tratamiento". Hacer esto priva al paciente de *todo tratamiento*.

Instrucción 3. En ausencia de una necesidad verdadera, no practique más allá de sus áreas de conocimiento. En casos difíciles, persuada a sus pacientes para que acepten ser referidos a médicos consultores más capacitados, si hubiera alguno disponible, aunque esto pueda ir en contra de sus propios intereses financieros. Debe estar por encima de envidiar la mayor estima y la práctica debido a los hombres más capaces, y evitar todas las calumnias indignas o insultos contra ellos. Más bien, debería hacer su mejor esfuerzo para capacitar a sus pacientes para obtener segundas opiniones cuando el peligro para su vida o su salud lo requiera. La vida de ellos son de mayor valor que su ganancia. La práctica de la medicina es tan difícil y especulativa que se requieren logros muy altos para ser médico. Si estas calificaciones no están presentes: (1) buen juicio natural y la capacidad para aplicarlo inteligentemente; (2) muchísimo estudio, lectura y familiaridad con la práctica de hombres ejemplares; y (3) una experiencia personal considerable para llevar todo esto a la madurez; entonces tiene una buena razón para ser muy temeroso y prudente en su propia práctica. De lo contrario, sacrificará la vida de los hombres por su ignorancia y excesiva confianza en sí mismo. Un hombre altamente dotado con todas esas características puede hacer más bien que cien aficionados. Cuando usted está consciente de una falta en cualquiera de estas cualidades ¿no debería guiarle el buen juicio y la conciencia para que sus pacientes consulten con aquellos más calificados que usted? ¿Se debe poner en riesgo la vida de las personas para que usted mantenga un cierto nivel de vida? No es completamente seguro que los médicos ignorantes e inexpertos hagan más bien que mal; por lo tanto, los que no tienen educación en muchas áreas ven a los médicos con desprecio.[5]

---

5. En una nota al pie de página, Baxter dice: "Sobreestimar el entendimiento [del pastor] en religión arruina almas e iglesias. En una forma similar, sobreestimar la competencia [del médico] en la medicina cuesta muchas vidas. Yo no sé si algunos médicos capaces, prudentes y experimentados curan más [personas] de lo que el resto [combinado] mata".

Instrucción 4. Dependa de Dios para su orientación y éxito. Busque con seriedad e intensidad su ayuda y bendición en todo lo que haga. Sin esto, su labor carece de significado. ¡Considere cuán fácil es para usted pasar por alto un detalle esencial entre docenas de casos relacionados y tratamientos de enfermedades a menos que Dios se los revele y le otorgue un discernimiento poderoso y un poder de observación infalible! Y cuando veinte cosas esenciales se anotan, la vida de un hombre puede perderse si usted falla en discernir un último punto. ¡Qué tremenda necesidad de la ayuda de Dios tiene usted para traerle a la mente los tratamientos más apropiados y, mucho más, para que Él los bendiga cuando son prescritos! La experiencia de su práctica diaria debería confirmar esto, a menos que ya se haya vuelto insensato a través de la incredulidad.

Instrucción 5. Esté constantemente consciente de la fragilidad de la vida y de la mortalidad del hombre, y deje que esto lo motive tener una mentalidad más espiritual que la de otros hombres y a ser más cuidadoso en la preparación de la vida futura al permanecer apartado de las vanidades de este mundo. Alguien que está muy frecuentemente entre los enfermos y es un observador de los muertos y moribundos no tiene excusa si él mismo no está preparado para su propia enfermedad o muerte. Si su corazón no se ablanda al vivir prácticamente en la casa del luto, entonces su corazón es verdaderamente cruel y malvado. Es extraño que los médicos, como muchos, sean sospechosos de ateísmo y de que *religio medici* debería ser sinónimo de agnosticismo. ¡Seguramente esta idea surgió en alguna época o país más secular! Muchas veces he estado muy agradecido con Dios al observar lo contrario. De hecho, ha habido muchos médicos excelentes y piadosos en la mayoría de los países donde la pureza de religión ha aparecido. Cuánto han promovido la obra de la reforma (de los cuales podría nombrar a muchos).[6] En este país y en esta época, debo

---

6. Baxter nombra a tres que son desconocidos en nuestra época.

confesar que he conocido proporcionalmente a tantos médicos como cristianos, que en cualquier otra profesión, excepto a los predicadores del evangelio. Sin embargo, no hay hombres más perversos que aquellos que son malvados a pesar de una educación piadosa y ante medios poderosos que deberían provocar su propia mejora. Por consiguiente, *es muy probable que esos médicos que no son verdaderamente buenos sean muy malos,*[7] porque son malos en comparación a tanta revelación y tantas advertencias. Es probable que el proverbio censurador antes mencionado (*religio medici*) surgiera a causa de algunos de estos personajes. De hecho, la naturaleza del hombre es tan susceptible de ser desensibilizada por las cosas que son inusuales y de olvidar el significado de las cosas que se han vuelto rutinarias que *ningún hombre tiene una necesidad mayor de proteger su corazón y de temer a la insensibilidad que aquellos que están expuestos continuamente a los ejemplos y las advertencias más desgarradoras*. Es demasiado fácil aburrirse y acostumbrarse a ellos. Luego el peligro es que no quedan mejores medios para despertar un corazón tan apagado y endurecido. Por otro lado, aquellos que solo con poca frecuencia están expuestos a tales advertencias no están tan propensos a perder el sentido y el beneficio de ellos. Ver a un hombre enfermo o moribundo generalmente atrae la atención de quienes rara vez son testigos de tales cosas. Sin embargo, ¿quiénes están más endurecidos que los soldados y los marinos, que viven continuamente como entre los muertos? Cuando ellos han visto dos o tres veces el campo de batalla cubierto de cadáveres, ellos generalmente se vuelven más fríos de corazón que cualquier otro. *Esto es precisamente lo que amenaza a los médicos* y por lo tanto tienen que ser más cuidadosos en esforzarse para evitarlo. Pero ciertamente un médico incrédulo o impío es inexcusablemente ciego.

---

7. Sherlock Holmes, hablando de un Dr. Grimesby Roylott, lo expresa de esta forma: "Cuando lo que un doctor hace sale mal, él es el primero de los criminales. Él tiene el valor y tiene conocimiento" (Sir Arthur Conan Doyle, *"The Adventure of the Speckled Band"*, en *The Adventures of Sherlock Holmes* [London: George Newnes, 1892]).

Decir, como algunos hacen, que estudian la naturaleza tanto que se apartan de Dios es como decir que estudian tanto el trabajo que se olvidan del trabajador; o que leen tanto el libro que pasan por alto su contenido; o que estudian tanto la medicina que se olvidan del paciente y de su salud. *Ver la naturaleza y no ver a Dios es ver a las criaturas y no la luz que nos permite verlas*, o ver los árboles y las casas y no ver la tierra que los sostiene. Pues Dios es la causa final que crea, conserva y orquesta todas las cosas; "Porque de él, y por él, y para él, son todas las cosas",[8] Él es todo en todo. Y si no saben que son los súbditos de este mismo Dios y que ellos mismos tienen almas inmortales, entonces son pobres estudiantes de la naturaleza para permanecer tan ajenos a la naturaleza del hombre. Jactarse de sus logros en otras ciencias mientras no saben qué es un hombre, o lo que ellos mismos son, es un crédito pequeño a sus intelectos. Usted, que todavía vive como a la vista de la muerte, también debería vivir como a la vista de otro mundo y superar a los demás en sabiduría espiritual, santidad y sobriedad, incluso cuando sus ventajas espirituales destaquen a través de estas perspectivas únicas.

Instrucción 6. Muestre su compasión y amor al alma de los hombres así como a sus cuerpos. Dígales a sus pacientes palabras que los preparen para la muerte. Usted tiene oportunidades excelentes si tiene el corazón para usarlas. Si la gente ha de escuchar alguna vez, es cuando está enferma. Si alguna vez son humildes y serios, es cuanto el acercamiento de la muerte los obliga. Entonces, escucharán pacientemente los consejos que habrían despreciado en salud. Algunas palabras serias sobre el peligro de no ser regenerado, la necesidad de la santidad, el papel de un Salvador, y el estado eterno de las almas podría, para todos los que conoce, ser útil para lograr su conversión y su salvación. Y es mucho más satisfactorio para usted salvar un alma que curar el cuerpo.

---

8. Romanos 11:36

No trate de disculparse diciendo: "Ese es el deber de un pastor". Aunque es el *ex officio* de ellos, también es el *ex charitate* suyo. El amor obliga a todos, cuando surge la oportunidad, a hacer el bien a todos, y especialmente el mayor bien. Y Dios le da la oportunidad al colocar esas almas en su camino. El sacerdote y el levita, que pasaron al lado del hombre herido, fueron más culpables por no ayudarlo que quienes nunca pasaron por ese camino y, por lo tanto, no lo vieron.[9] Muchos que nunca llamarían a un pastor, llamarán a un médico. Muchos que desprecian a los pastores, escucharán a un médico. Como uno que paga al titular de la hipoteca porque así mantiene su casa, también así uno escucha a su médico porque piensa que su doctor puede salvar su vida.

Desafortunadamente, en muchos lugares los pastores descuidan tal tarea o no son adecuados para ella o están alejados y distantes de la gente. Así que hay una gran necesidad de su ayuda amable. Recuerde entonces, que "quien haga regresar a un pecador de su deambular salvará su alma de la muerte y cubrirá multitud de pecados".[10] También recuerde que está a punto de hablar con alguien que va a otro mundo y que ¡debe ser salvo ahora o nunca! Todo lo que deba hacerse para su salvación, debe hacerse de inmediato, o será demasiado tarde. Tenga lástima de la naturaleza humana y no endurezca su corazón contra un hombre en su necesidad extrema. Diga algunas palabras serias (si son necesarias) para su conversión, y hágalo antes de que su alma esté más allá de su ayuda, en el mundo del cual no hay retorno.

---
9. Vea Lucas 10:32
10. Santiago 5:20

Recomendados
El nuevo consejero cristiano

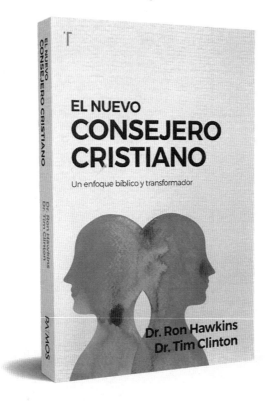

Los consejeros y profesores experimentados Ron Hawkins y Tim Clinton presentan una guía completa para la consejería cristiana con un fundamento empírico basado en la Biblia.

En este libro encontrará información actualizada sobre los problemas más comunes de la gente de hoy, incluyendo problemas de identidad, problemas de apego y adicción. Incluye un plan completo para la intervención eficaz y una visión para el futuro de la consejería cristiana en el siglo XXI.

Adquiéralo en *www.editorialpatmos.com*

PATMOS